Michael Pflaum

"Schöner und erhabener Gottesdienst"

Michael Pflaum

"Schöner und erhabener Gottesdienst"

Beispiele aus der Praxis und philosophisch-liturgiewissenschaftliche Überlegungen

Fromm Verlag

Impressum / Imprint

Verlag / Publisher:
Fromm Verlag
ist ein Imprint der / is a trademark of
IBMS Ltd., member of OmniScriptum Publishing Group
17 Meldrum Street, Beau Bassin 71504, Mauritius
Email: info@omniscriptum.com

Herstellung: siehe letzte Seite /
Printed at: see last page
ISBN: 978-3-8416-0060-8

Inhaltsverzeichnis

INHALTSVERZEICHNIS

Einführung

"Ein schöner Gottesdienst! Schön habt ihr es wieder gemacht!" "Ich möchte fast sagen: an ein paar Stellen war der Gottesdienste für mich erhaben." Der Pfarrer und einige vom Vorbereitungsteam lächeln und bedanken sich. Über solch eine Rückmeldung freuen sich alle. Aber: Was ist ein schöner Gottesdienst? Und was ist ein erhabener Gottesdienst? Wann ist ein Gottesdienst schön? Und überhaupt: Ist es das Ziel vom Gottesdienst, schön und erhaben zu sein? Was ist Hauptziel und was Nebenziel für Gottesdienste? Was kann hindern für das Hauptziel? Wie soll man heute Gottesdienst feiern? An welche Maßstäbe müssen wir uns halten?
Eines kann man von Anfang an festhalten: Ein nicht schöner Gottesdienst kann auf jeden Fall den tiefen Sinn des Gottesdienstes verdunkeln. Eine schlechte Predigt, blödelnde Ministranten, eine schlechte Mikrofonanlage, unpassende Lieder, ein lieblos herunter gebetetes Hochgebet, Gottesdienstbesucher mit Konsumhaltung - so viele Einzelheiten können einen Gottesdienst nicht schön machen. Auch in einem nicht schönen Gottesdienst kann jeder Gottesdienstbesucher das Ereignis der Gottesbegegnung erleben; aber unter erschwerten Bedingungen, die oft nicht sein müssen.
Immanuel Kant hat in seiner Kritik der Urteilskraft drei ästhetische Prädikate aufgeführt und philosophisch definiert und erläutert: angenehm, schön und erhaben. Ich möchte gleich hier in der Einführung meine Thesen vorlegen:

- Ein Gottesdienst soll nicht angenehm sein.
- Ein Gottesdienst soll schön sein.
- Ein Gottesdienst soll den Raum für die Erfahrung des Erhabenen eröffnen.
- Ein Gottesdienst soll in der Lebenswelt der Gottesdienstteilnehmer verwurzelt sein und diese aufgreifen (sowohl inhaltlich als auch sprachlich, aber auch auf der Ebene der Empfindungen).
- Zur Teilnahme am Gottesdienst benötigt man eine gewisse Bildung; sie muss bei den Gläubigen gefördert werden.
- Es gibt liturgische Genies.
- Symbole müssen im Gottesdienst entfaltet und übersetzt werden.

Mit diesen Aussagen ist noch nicht direkt der Sinn des Gottesdienstes ausgedrückt. Der Sinn des Gottesdienstes muss theologisch bestimmt werden. Der Gottesdienst soll zur Umkehr einladen (weg von der Ichbezogenheit zur Gottbezogenheit), der Gottesdienst soll Hoffnung und Freude vermitteln, die in dem Glauben an den einen Gott begründet ist, der Gottesdienst soll neue Sichtweisen eröffnen, er soll sowohl ein Raum sein, in dem man absichtslos mit seinem ganzen Dasein vor Gott steht, als auch neue Modi christlicher Praxis offenbaren. Wie bei einem Spiel soll der Sinn und der Zweck des Gottesdienstes in gewisser Weise in ihm selber legen.

Vielleicht wird Sie, liebe Leserin, lieber Leser, die erste These verwundert haben: Ein Gottesdienst soll nicht angenehm sein. Ich verstehe das Wort "angenehm" in dem Sinne, wie Kant es definiert hat. Hier an dieser Stelle möchte ich nur einige erhellende Beispiele anführen. Am 15. Juni 2001 erschien in der Wochenzeitung "Die Woche" der Artikel "Pfarrer in Strapsen. Gottesdienst in der Spaßgesellschaft: um die Kirche zu füllen, werden Events im Gotteshaus veranstaltet - mit Fitness, Filmen und Fernfahrern." Da wird zum Beispiel ein Gottesdienst mit einer Quizshow veranstaltet mit Preisfragen zum Inhalt der Bergpredigt, ein Fitnessgottesdienst mit dem Motto "der Winterspeck muss weg - im Gottesdienst zur Traumfigur" oder ein Gottesdienst für Lkw-Fahrer in einem Bierzelt, in dem man rauchen und essen darf und die Predigt mit ihren billigen Witzen eher an eine Büttenrede im Karneval erinnert. All diese Ereignisse mögen angenehm sein, aber das Empfinden vieler Christen sieht darin wohl nicht echte Gottesdienste. Es gilt, dieses Empfinden auf den Begriff zu bringen.

Die Leserin/der Leser kann sich beim Durchlesen den jeweiligen Gottesdienst vorstellen und sich fragen, ob sie/er den Gottesdienst schön findet bzw. ob die Texte das Potenzial haben, Elemente in einem schönen Gottesdienst zu sein. Was würden Sie verändern? Auf was würden Sie achten, wenn Sie die Texte für eigene Gottesdienste benutzen würden?

Dieses Büchlein zeichnet sich dadurch aus, dass es mehrere Ebenen nebeneinander stellt und in Beziehung zueinander bringt, die normalerweise getrennt voneinander behandelt werden. Deswegen vermag es vielleicht verschiedene Leserinteressen anzusprechen.

Die eine Lesergruppe möchte einige konkrete Anregungen und Beispiele für Gottesdienste, besonders im Kinder- und Jugendgottesdienstbereich. Eine zweite Lesergruppe ist interessiert an liturgiewissenschaftlichen Reflexionen über die Schönheit und Erhabenheit eines Gottesdienstes oder Überlegungen zu liturgische Genies und zur Entfaltung von Symbolen im Gottesdienst.

Eine dritte Lesergruppe vertieft sich gern in philosophische Überlegungen und deren Anwendungen in anderen Bereichen.

Dieses Büchlein bietet für jede Lesergruppe etwas. Vielleicht bekommt aber der eine oder andere Leser durch dieses Büchlein auch Lust auf die anderen zwei Aspekten, die ihn zuerst nicht interessiert haben. Deswegen möchte ich alle Leser ermutigen, das Experiment zu wagen und das ganze Buch einfach durchzulesen. Denn alle drei Aspekte erhellen sich gegenseitig. (Es ist aber auch möglich, die philosophischen Teile zu überspringen, wenn man die Zusammenfassungen am Ende dieser Teile liest.) Der Autor selbst hat in seiner praktischen und theoretischen Arbeit erlebt, dass sich die drei Ebenen gegenseitig befruchten können. Vielleicht kann dieses Büchlein etwas von dieser gegenseitigen Befruchtung vermitteln.

1. Zum Anfang ganz konkret!

Beginnen wir mit drei Beispielen, 3 Jugendgottesdiensten - sowohl mit Jugendlichen vorbereitet als auch für ältere Kinder und Jugendliche gedacht.

Ein Gottesdienst zum Thema „Frieden"

Kinderbücher können häufig auf einfache und klare Weise sehr tiefe Wahrheiten vermitteln. Welche Stationen es auf dem Weg zum Frieden geben kann, zeigt sehr schön das Kinderbuch "Ronja Räubertochter".
Im Eröffnungsteil wird durch eine Bildmeditation eingeladen, sich den eigenen Sehnsüchten nach Frieden zu stellen. Als Lesung wird die gesamte Geschichte von Ronja Räubertochter in Kurzfassung erzählt. Die Predigt wagt die spannende Entdeckungsreise, den Weg zum Frieden, den Ronja Räubertochter beschreitet, mit dem Lebensweg Jesu zu vergleichen. Dadurch sollen wesentliche Schritte zum Frieden deutlich werden als auch Ermutigung für den Weg zum Frieden geweckt werden.

Meditation zu einem Bild über die Vision von Jesaja von Sieger Köder
Wir alle träumen vom Frieden.
Der Prophet Jesaja beschreibt diesen Traum so: [auf Folie den Propheten zeigen]
Ein zufriedener Säugling spielt mit einer Schlange [auf Folie den Säugling zeigen]
Ein Bär und eine Kuh verstehen sich; sie kümmern sich zärtlich umeinander. [auf Folie zeigen]
Auf der ganzen Welt herrscht Friede. [Tauben auf Folie zeigen]
Friede bedeutet für mich:

- innere Ruhe
- im Einklang mit den Mitmenschen
- Freunde haben

Aber so oft erleben wir Unfrieden:
zum Beispiel:

- Mitschüler lästern über andere.
- Stärkere machen Schwächere fertig.
- Im Sportunterricht werden Schüler ausgelacht, die keine guten Leistungen bringen.

Aber auch in mir erlebe ich Unfrieden:

- meine Wut

- meine Nervosität
- meine Aggressionen

Wann, oh mein Gott, werden die Schwerter zerbrechen und aus den Kanonen Rosen heraus wachsen? [auf der Folie zeigen]
Der Prophet Jesaja verheißt einen Friedenskönig:
Ihm wird der Herr mit seinem Geist erfüllen, dem Geist, der Klugheit und Einsicht gibt. Gott zu gehorchen ist ihm eine Freude. Für die Armen im Land setzt er sich ein.

Kyrie
Herr Jesus Christus, du bist für mich dieser Friedenskönig.
Herr, erbarme dich unser.
Herr Jesus Christus, zeige uns deinen Weg zum Frieden.
Christus, erbarme dich unser.
Herr Jesus Christus, gibt uns Kraft, den Weg des Friedens zu gehen.
Herr, erbarme dich unser.

Lesung:
Die Geschichte von Ronja Räubertochter
Wie bei Romeo und Julia stehen bei dem Kinderroman Ronja Räubertochter zwei Familien gegenüber, die sich schon seit Generationen bekämpfen und gegenseitig verachten. Wie bei Romeo und Julia schließen die Kinder der jeweiligen Familie Freundschaft miteinander: Ronja, die Tochter von Mattis, dem Hauptmann der Mattisräuber, und Birk, der Sohn von Borka, dem Hauptmann der Borkaräuber. Aber im Gegensatz zu Romeo und Julia geht die Geschichte von Ronja Räubertochter gut aus: die zwei Familien versöhnen sich am Ende, es herrscht Friede zwischen den beiden Gruppen.
Aber nun erst einmal der Reihe nach.
Die Mattisräuber leben auf einer Burg. Ronja wird in einer stürmischen Nacht geboren. In der selben Nacht schlägt der Blitz mitten in die Burg ein und zerteilt diese in zwei Hälften. Seit dieser Nacht gibt es mitten in der Burg einen tiefen Graben, der Höllenschlund genannt.
Als Ronja schon ein stattliches Mädchen geworden war, lernte es von ihren Eltern, dass es gut ist, wenn man im Wald keine Angst hat. Um ihre Angst überwinden lernen zu können, ging sie zum Höllenschlund. Dort wollte sie hinunter schauen, um ihre Angst überwinden zu können. Da sah sie auf einmal eine Jungen auf der anderen Seite. Es stellte sich heraus, dass es der Sohn von Räuberhauptmann Borka ist: sein Name warBirk. Der Erzfeind von Mattis, Borka mit seiner ganzen Familie, hatte sich in die andere Hälfte der Mattisburg einen Tag vorher eingenistet, weil im Borkawald zu viel Soldaten des Landgrafen kontrollierten.

Ronja und Birk stacheln sich gegenseitig an; so muss Ronja ihren Mut beweisen und springt über den Höllenschlund, Birk macht es ihr nach, und wieder springt Ronja, und wieder Birk usw.; - da auf einmal rutscht Birk ab, auf einer kleinen Stufe findet er noch Halt. Ronja holt ihren Gürtel heraus und zieht Birk herauf. Obwohl Birk der Sohn vom Erzfeind ihres Vaters ist, rettet sie ihm das Leben.
Mattis ist außer sich vor Wut, dass Borka in seiner Burg Quartier sucht. Aber wie soll er ihn wieder herauswerfen? Dazwischen ist der Höllenschlund und der andere Weg zum anderen Teil der Burg geht über einen steile Felshang.
Einige Zeit später treffen sich Ronja und Birk im Wald. Ronja ist wütend: Muss sie diesen Lümmel in ihrem Wald wieder sehen! Da wird es neblig und Birk fragt, ob sie ihm den Weg zur Burg zurück zeigen kann. Sie holt wieder ihren Gürtel heraus und gibt das eine Ende ihm, das andere hält sie fest. Da hört Ronja in den Nebelschwaden einen lockenden Gesang; sie sagt: Ich komme. Birk merkt es und hält sie zurück. Er ruft ihr zu: "Wenn du dich von den Unterirdischen locken lässt, bist du verloren." Ganz kräftig hält er sie zurück, damit sie diesem Ruf nicht folgt. Der Nebel geht fort und Ronja kann sich an nichts mehr erinnern. Jetzt hat Birk Ronja das Leben gerettet. Da sagt Ronja zu Birk: Willst du mein Bruder werden? Ja, antwortete Birk.
Es kam der Winter. Ronja fand in den Kellergängen der Burg zur anderen Seite der Burg, so dass sie sich mit Birk treffen konnte. Birk war ganz ausgehungert. Er und seine Familie mussten Not leiden. Heimlich brachte Ronja einiges von dem Essen, das in großen Mengen die Mattisräuber in ihrer Burg aufbewahrten. Jetzt ernährte sie schon die Borkaräuber - wenn das Mattis erfahren würde!
Eines Tages im Frühlingsanfang ist Mattis in bester Stimmung: er hat den Sohn von Borka, Birk, festgenommen. Wie Ronja das sieht, ist sie entsetzt. "Wenn du Menschen raubst, möchte ich deine Tochter nicht mehr sein." Am Tag drauf treffen sich Mattis und Borka auf den zwei Seiten des Höllenschlundes. Mattis schlägt einen Tauschhandel vor: wenn Borka sich von der Burg verzieht, bekommt er den Sohn zurück. Aber Borka kann noch nicht die Burg verlassen. Ronja sieht es, hört zu und möchte ihrem Vater bestrafen, weil er so unbarmherzig ist. Da fällt ihr etwas ein: sie springt über den Höllenschlund. Jetzt ist sie in den Händen von Borka, dem Feind ihres Vaters! Nun schlägt Borka einen Tauschhandel vor: Birk gegen Ronja. Mattis ist entsetzt: "Birk kannst du haben. Aber ich habe keine Tochter mehr." Da kommt Lowis, die Mutter von Ronja: "Aber ich habe eine Tochter und ich möchte sie zurück haben, auch wenn ihr Vater den Verstand verloren hat."
Am Abend jenes Tages entschloss sich Ronja, die Mattisburg zu verlassen. Sie wollte, sie musste ihre Eltern verlassen. Als sie zur Bärenhöhle kam, in der sie in der nächsten Zeit wohnen wollte, sah sie ein Feuer. Birk hat auch seine Eltern verlassen. Jetzt sind Schwester und Bruder, Ronja und Birk zusammen.

Der Frühling vergeht, der Sommer vergeht und Ronja und Birk leben die ganze Zeit in der Bärenhöhle.
Als der Herbst kommt, besucht eines Tages Lowis ihre Tochter. Sie erzählt: "Wenn du nicht bald heimkommst, springt Mattis noch in den Fluss." Ronja erwidert: "Er erwähnt ja nicht einmal meinen Namen." "Nicht am Tag, aber im Schlaf sagt er ständig deinen Namen. Es ist schlimm, mit anzusehen, wie sehr ein Mensch leidet." Ronja antwortete: "Aber Mattis wird mich nie bitten, zurück zu kommen."
Einige Wochen später sieht Ronja an der Quelle ihren Vater sitzen, weinend. Da fallen sie sich in die Arme. "Ronja, meine Tochter, komme mit mir auf die Mattisburg. Ich bin sogar bereit, Birk auf der Mattisburg aufzunehmen." Die Liebe zum eigenen Kind war letztlich stärker als der Hass! Als die Soldaten des Landgrafen noch stärker zugriffen, entschlossen sich sogar die beiden Hauptmänner zusammen zu tun und eine Räuberbande zur bilden. Der Hauptmann wurde durch einen Zweikampf entschieden. Die Feindschaft zwischen den zwei Gruppen war vorbei.

Predigt:

Wir alle träumen vom Frieden. Aber ist der Friede, von dem wir träumen, auch der, den Jesus uns schenken möchte?
Ich bin fest davon überzeugt, dass in jedem von uns es mehr oder weniger eine Sehnsucht nach einem schnellen Frieden gibt! Dieser Friede hat Ähnlichkeiten mit dem Schlaraffenland.
Was bei dem Schlaraffenlandfrieden fehlt, ist der Weg der Verwandlung, den Jesus mit Hilfe des Heiligen Geistes uns zeigen möchte. Dieser Weg der Verwandlung ist eng, nicht einfach, manchmal beschwerlich, manchmal mit Schmerzen und Trauer verbunden; und deswegen vermeiden wir diesen Weg!
Jesus will uns nicht einen Frieden geben, wie die Welt ihn gibt! Wir können das ganz gut an der Werbung feststellen. Die Werbung verspricht uns einen schnellen Frieden. Wir brauchen nur dieses oder jenes Produkt kaufen, und schon sind alle Probleme schnell gelöst. Wir müssen nichts in unserem Lebensstil verändern, nichts in unserer Beziehung zu unseren Mitmenschen oder in unserer Beziehung zum mir selbst. Das ist ein Schlaraffenlandfrieden. Und gleichzeitig sehen wir daran, dass dies eine Mogelpackung ist!
Aber wie ist der Friede, den Jesus uns geben will: Wie schaut der Weg der Verwandlung zu diesem Frieden aus?
Die Geschichte von Ronja Räubertochter enthält einige wichtige Hinweise dafür. Vielleicht werden einige fragen: ein Kinderbuch soll uns etwas über den Frieden von Jesus sagt!? Ja, ganz bestimmt - und der Beweis ist schnell erbracht: in der Geschichte von Ronja Räubertochter siegt die Liebe über den Hass. Und wo von wahrer Liebe die Rede ist, da wird über Gott geredet! Also schauen wir uns die Geschichte näher an.

Bei der ersten Begegnung zwischen Ronja und Birk herrscht in Ronja gegenüber Birk eine große Ablehnung. Als aber Birk in Lebensgefahr ist, ist das Mitleid bei Ronja größer als die Ablehnung. Vielleicht ist der erste Schritt auf dem Weg zum Frieden das Mitleid. Der Gegner ist ja ebenso ein Mensch wie ich!

Beim zweiten Zusammentreffen schaut sich Ronja Birk genauer an und merkt, dass - alles Gerede über die Borkaräuber beiseite geschoben - sie sagen muss: Birk ist ihr sympathisch. Vielleicht ist das der zweite Schritt auf dem Weg zum Frieden: das Gerede und die Vorurteile Mal sein lassen und ganz nüchtern und frei den anderen anschauen. Und so wird Birk Bruder von Ronja, und Ronja die Schwester von Birk!

Die dritte Etappe der Geschichte ist, dass im bitteren Winter Ronja Birk zu essen gibt. Der dritte Schritt auf dem Weg zum Frieden wäre dann: der Stärkere hilft dem Schwächeren anstatt die Schwäche des anderen auszunutzen.

Und jetzt kommen wir zum Höhepunkt! Birk wird gefangen genommen. Ronja muss sich entscheiden: hält sie zu ihrem Bruder; dann muss sie öffentlich sich gegen ihren Vater wenden. Sie ist so mutig und macht dies durch eine großartige Tat! Sie springt über den Höllenschlund und liefert sich damit dem Feind ihres Vaters aus!

Das ist sehr oft der Höhepunkt auf dem Weg zum Frieden: Einer wendet sich öffentlich gegen seine eigenen Leute; öffentlich zeigt er, dass er mit dem Hass der eigenen Leute und mit dem daraus folgenden Tun nicht einverstanden ist und sogar bereit ist, die natürliche Bindung zu den eigenen Leuten aufzugeben!

Ronja macht das ganz geschickt: sie will nicht, dass ihr Vater seine momentane Stärke über den Gegner schamlos ausnützt. Sie stellt sich auf die Seite der Gegner, und - das ist besonders wichtig: genau in der Situation, wo der Gegner schwach ist!

Danach kommt eine schwierige Zeit. Die eigenen Leute verstehen das Verhalten nicht. Da kommen dann solche Schimpfwörter wie: Nestbeschmutzer, Verräter! Oder der eigene Vater sagt: du bist nicht mehr meine Tochter. Dann muss eine Zeit kommen, wo man die eigenen Leute verlässt. Oder anders gesagt: es ist gut, wenn das möglich ist. Ronja und Birk ziehen in der Bärenhöhle zusammen.

In dieser Zeit passiert noch mal eine ganz besondere Szene. Sie haben ein Messer, lebenswichtig in der Wildnis. Auf einmal ist das Messer weg. Da fangen sie an, sich zu streiten, wer das Messer verloren hat. Da kommen auf einmal die alten Vorurteile wieder hoch: auf einen Borkaräuber ist eben nicht Verlass; auf einen Mattisräuber ist eben nicht Verlass. Nach dem heftigen Streit finden sie es unter dem Moos.

Das zeigt: man muss manchmal nicht nur sich gegen seine eigenen Leute stellen. Man muss sich auch dem eigenen Hass, den verborgenen Vorurteilen in einem selber stellen.

Mattis folgt letztlich seiner Tochter und geht eben so den Weg des Friedens, weil auch für ihn die Liebe größer ist als der Hass.

Jesus Christus ist in seinem Leben genau diesen Weg des Friedens gegangen! Und Nachfolge Jesu heißt, diesen Weg in der eigenen Lebenswelt mit seinen Mitmenschen zu gehen. Dabei muss man auch die Schwierigkeiten, das Kreuz, bei diesen Weg des Friedens auf sich nehmen.

Gehen wir noch einmal mit Jesus selbst die fünf Stationen durch:

1. Station - Mitleid: Jesus hatte besonders Mitleid mit den Ausgestoßenen, den Schwächeren, die nicht geliebt sondern gehasst werden. Die Zöllner, die Sünder, die Aussätzigen - all diese wurden gehasst, und mit diesen hatte Jesus Mitleid.

2. Station - Vorurteile loslassen: Jesus ging auf die Ehebrecherin zu, weil er nicht auf die Vorurteile hörte, sondern ihr vertraute, dass sie ein neues Leben anfangen kann.

3. Station - den Schwachen helfen: den Besessenen, den Blinden, den Kindern, den Lahmen - all diesen half Jesus.

4. Station - öffentlich sich auf die Seite der Gegner stellen: der faule Friede möchte die Ungerechtigkeiten unter den Teppich kehren. Aber Jesus weiß, dass der wahre Friede nur über die Wahrheit zu erreichen ist. Deswegen isst er mit dem Zöllner und sagt: nicht die Gesunden sondern die Kranken brauchen den Arzt. Oder er stellt die Menschenwürde über das Gebot des Sabbats. Oder er reinigt den Tempel und kritisiert den verlogenen Kult.

5. Station: hier läuft es anders als bei Ronja Räubertochter. Er geht nicht für eine Zeit weg, sondern stellt sich dem Konflikt. Das bedeutet, dass er hingerichtet werden muss. Der Versuchung, seinen Gegnern Böses zu wünschen, widersteht er und am Kreuz verzeiht er ihnen und betet zu seinem Vater, dass er ihnen verzeihe.

Die letzte Station bei Jesus ist wie bei Mattis der Sieg der Liebe über den Hass.

Wenn wir diesen Weg des Friedens gehen, wird er uns verwandeln, - wir können ihn nur gehen mit der Kraft Gottes, mit dem Beistand des Heiligen Geistes. Und wenn wir in diese Kirche gehen, um zu beten, dann stellen wir uns vor Gott und bekennen, dass wir diesen Weg nur mit seiner Kraft gehen können.

Ein Gottesdienst für Firmlinge: Ignatius von Loyola oder die Suche nach einer guten Entscheidung

Das Thema wird im Eröffnungsteil durch ein Szenenspiel vorgestellt. Das folgende Gespräch hat eine Firmgruppe mit ihren Gruppenleiter selbst entworfen. Anstelle der Lesungen werden drei Texte zu wichtigen Lebensabschnitten des Ignatius von Loyola vorgelesen. Die Predigt möchte den Jugendlichen von der Spiritualität des Ignatius her eine Perspektive und einen Leitfaden für ihre bevorstehenden Lebensentscheidungen geben. Nach der Predigt, in einer Zeit der Stille, soll jede Firmling auf einem Zettel eine allgemeine Fähigkeit schreiben, die er zur Ehre Gottes einsetzen möchte.

Im Eröffnungsteil:
Gespräch zwischen Freunden:
Stefan: Servus, Sebastian, Christina und Florian
Christina: Servus
Sebastian: Peace, was geht denn ab, Alter!
Stefan: Alles was Beine hat, Alter. Ich muss mal mit euch reden!
Florian: Was ist los!
Stefan: Ich weiß nicht, was ich machen soll, Kfz Mechaniker oder Lehrer. Welchen Beruf soll ich ergreifen?
Sebastian: Es ist deine Entscheidung, du musst selber wissen, was dich mehr interessiert. Ich würde mir suchen, was mir Spaß macht und wo ich begabt bin.
Christina: Ich an deiner Stelle würde Lehrer werden, denn da verdient man mehr und man hat mehr Abwechslung. Als Kfz Mechaniker musst du ständig Autos reparieren. Als Lehrer kannst doch jeden Tag was Neues unterrichten.
Florian: Werde bloß nicht Lehrer; die kleinen Gören treiben dich dann noch zum Wahnsinn!
Sebastian: Florian! Christina! Super Hilfe: der eine sagt so, die andere so. Ich würde ihm nie empfehlen zum Beispiel wie du Christina, Lehrer zu werden. Wird er dann Lehrer und stellt fest, dass es ihm nicht gefällt; dann bin ich ein bisschen mitverantwortlich für seine falsche Entscheidung.
Stefan: Hey Leute: ich glaube, beides könnte mir sehr gut gefallen. Ich bin handwerklich ganz gut und mir gefallen Autos, andererseits rede ich gerne und mache gerne was mit Menschen.
Florian: Am besten wäre so ein Gedankenblitz. Jetzt habe ich es, jetzt weiß ich es!
Sebastian: Als ob du so einen Gedankenblitz für deine Berufswahl schon hättest!
Florian: Natürlich kann ich mir nicht befehlen: jetzt geht mir ein Licht auf und dann geht mir ein Licht auf. Aber toll wäre es!

Christina: Du kannst ja mal überlegen, was für dich die Vorteile und Nachteile sind bei dem Beruf Lehrer und bei dem Beruf Kfz Mechaniker und dann vergleiche.
Stefan: Nicht schlecht, die Idee; aber, aber mir reicht das noch nicht. Ich will doch richtig zufrieden sein mit der Entscheidung, nicht nur mit dem Kopf da oben sie für richtig halten!
Sebastian: Gar nicht so einfach, eine gute Wahl zu treffen.
Florian: Besonders in einer Situation, wenn man zwei Mädchen gleichzeitig liebt.
Sebastian: Jetzt gib aber Ruhe.

Kyrie:

1. Herr unser Gott, wir wissen oft nicht, was der bessere Weg für uns ist. Erleuchte unseren Verstand.
2. Herr unser Gott, wir sehen oft nicht, was uns weiterführen kann. Erleuchte unsere Sinne.
3. Herr unser Gott, wir spüren oft nicht, was besser ist für uns. Erleuchte unsere Empfindungen und unser Herz.

Lesungen:

1. Ignatius trifft seine Lebensentscheidung: der Unterschied zwischen Trost und Trostlosigkeit

Ignatius von Loyola wollte eigentlich Ritter bzw. Soldat werden. Als junger Mann kämpfte er bei der Schlacht der Stadt Pamplona gegen die Franzosen mit. Er war der Anführer des Widerstandes. Aber kurz nach dem Angriff der Franzosen wurden seine beiden Beine durch eine Kanonenkugel stark verletzt. Er wurde in seine Heimatburg Loyola gebracht.

Auf dem Krankenbett langweilte sich Ignatius, und er erbat sich Lektüre. Er las gerne Ritterromane und stellte sich dabei vor, selber ein toller Ritter zu sein. Aber die von ihm geschätzten Ritterromane waren in Loyola nicht vorhanden. So gab man ihm zwei andere Bücher: eine Biografie des Lebens Jesu, und eine Sammlung von Heiligenlegenden. Der Fantasie des Lesers nachhelfend, malten die Bände weitschweifig das Leben Jesu bzw. der großen Heiligengestalten aus.

Ignatius machte beim Lesen eine wichtige Entdeckung: Er spürte zunächst seinen inneren Reaktionen nach: Wenn er sich in mehrstündigen Phantasiereisen ausmalte, wie er die Großtaten der Heiligen nachahmen könnte - insbesondere beeindruckten ihn Franziskus und Dominikus -, spürte er „Leichtigkeit in sich, sie ins Werk zu setzen" (Pilgerbericht, PB 7). Bisweilen schweiften seine Gedanken jedoch zu seinen Ritterfantasien ab: er konnte mehrere Stunden sich vorstellen, ein Ritter zu sein. Zwischen beider Phantasiewelten schweifte er hin und her. Ignatius schreibt später darüber Folgendes: (Anmerkung: er sagt nicht ich sondern er) "Es gab jedoch diesen Unterschied: Wenn er an Ritterfantasien dachte, vergnügte er sich sehr. Doch wenn er danach aus Ermüdung davon abließ, fand er sich trocken und unzufrieden. Und wenn er daran dachte, barfuß nach Jerusalem zu gehen und nur Kräuter zu, essen und alle übrigen Strengheiten auszuführen, von denen er las, dass die Heiligen sie ausgeführt hatten, war er nicht nur getröstet, während er bei diesen Gedanken war, sondern blieb auch, nachdem er davon abgelassen hatte, zufrieden und froh. Doch achtete er nicht darauf und verweilte nicht dabei, diesen Unterschied zu wägen, bis sich ihm einmal ein wenig die Augen öffneten und er begann, sich über diese Verschiedenheit zu wundern und über sie nachzudenken, da er durch Erfahrung erfasste, dass er von den einen Gedanken traurig blieb und von den anderen froh." (PB 8)

Ignatius hat entdeckt: verschiedene Phantasieübungen lösen verschiedene Wirkungen aus. Was vom "guten Geist" kommt, erkennt man unter anderem daran, welche Wirkung es nach der Phantasiezeit hat: Bleibt die Zufriedenheit und Freude erhalten, oder weicht das erste Lustgefühl einer inneren Leere und Frustration?[1]

2. Auch Ignatius musste seine Fähigkeiten heranwachsen lassen und seine schwachen Seiten erkennen und mit der Zeit ablegen.

Unterwegs hatte er eine merkwürdige Begegnung (PB 15f.): Er ritt neben einem Mauren, d. h. einem der zahlreichen Moslems, die trotz der Vertreibung zu dieser Zeit noch in Spanien lebten. Mit ihm redete er über Maria, die Gottesmutter. Der Maure bestritt, dass Maria Jungfrau geblieben ist. Ignatius verteidigte dies mit vielen Argumenten, konnte allerdings den Mauren nicht überzeugen. Nachdem sich ihre Wege getrennt hatten und der Maure davoneilte, bekam Ignatius Gewissensbisse und überlegte, ob er ihm nicht nachreiten und "Dolchstöße versetzen" sollte, um die "Ehre"" der Jungfrau zu verteidigen. Weiterhin im Zweifel, ließ er als eine Art Gottesurteil sein Maultier den Weg wählen. Es lief nicht den Weg, den der Maure genommen hatte, und Ignatius war von seinem Vorhaben entbunden.

Die Begebenheit zeigt, dass Ignatius in dieser Zeit von einem religiösen Fanatismus befallen war, der Werte, die ihm heilig waren, mit Gewalt durchsetzen wollte. Im Grunde ging es ihm wiederum um die Ehre einer "Hohen Dame", die der nun ins Religiöse umgewandelte Ritter gewaltsam gegen "Ungläubige"" zu verteidigen suchte. In seinem Lebensbericht "der Bericht des Predigers" sagte Ignatius selbst, dass er zu dieser Zeit noch keinen Blick für innere Werte hatte und noch nicht verstand, was Demut, Liebe, Geduld eigentlich seien.[2]

3. Der reife Ignatius: Ordensgründer und General des Ordens

Ignatius muss ein hervorragender Menschenkenner gewesen sein. Er konnte Personen, die er traf, sicher und schnell einschätzen und entsprechend einsetzen. Seine Untergebenen erlebten ihn als wahren geistlichen Vater. Schwache konnte er aufrichten, Übermütige bremsen. Mit Starken war er streng, mit Zaghaften nachsichtig. Große Persönlichkeiten forderte er, mit langsamen Menschen war er geduldig. Seinen Umgang mit Einzelnen glich er deren Eigenart und

1 Leicht abgewandelter Text aus: Kiechle, S.: Ignatius von Loyola. Meister der Spiritualität, Freiburg 2001, S. 22f.

2 Leicht abgewandelter Text aus: Kiechle, S.: Ignatius von Loyola. Meister der Spiritualität, Freiburg 2001, S. 25f.

Fassungsvermögen an. Er konnte anderen mit Freundlichkeit Lasten aufbürden und sie ihnen ebenso freundlich wieder abnehmen. Er suchte immer, die Handlungen der anderen wohlwollend auszulegen. Er sorgte sich ständig um brüderliche Einheit und Versöhnung. Jeder spürte, dass er von ihm geliebt wurde.
Immer zog es Ignatius zu Leidenden und Armen. In seiner Pilgerzeit verschenkte er oft Erbetteltes an noch ärmere Bettler. Unrecht machte ihn wütend. In den öffentlichen Spitälern lagen damals Kranke auf Pritschen, unter schrecklichen Bedingungen, fast ohne jedeVersorgung und Pflege, in unbeschreiblichem Schmutz. Ignatius ging in den Städten, durch die er kam, in die Hospitäler, um diese Menschen zu pflegen. Auch seine Gefährten schickte er regelmäßig zu diesem als unzumutbar empfundenen Dienst. Ansteckende Krankheiten fürchteten sie nicht. Nach der Gründung des Ordens wurde ein solches Praktikum der Krankenpflege für jeden Novizen vorgeschrieben, selbst wenn er aus dem Hochadel stammte oder Doktor der Theologie war. Ignatius hatte dabei zwei Ziele vor Augen: die Hilfe für die Notleidenden und die geistliche Wirkung, die ein solch niedriger Dienst auf den Novizen selbst ausübte. Als General kümmerte sich Ignatius besonders um die kranken Mitbrüder: Er scheute für sie keine Kosten, besuchte sie häufig und gab ihnen jeden medizinischen und geistlichen Beistand.[3]

Evangelium: Matthäus 25,14 -30

Predigt:
Wer war dieser Ignatius von Loyola? Ignatius von Loyola lebte zur Zeit von Luther, von 1491 bis 1556. Zwei Dinge machten ihn berühmt: die Gründung des Jesuitenordens und die Exerzitien. Der Jesuitenorden gehört neben dem Franziskanerorden und dem Benediktinerorden zu den berühmtesten und wichtigsten Orden in der katholischen Kirche.
Und was sind Exerzitien? Es sind geistliche Übungen. Noch heute sind Exerzitien weit verbreitet. Vielleicht habt ihr schon einmal folgende Worte gehört: Besinnungstage, Einkehrtage, Alltags-Exerzitien - all das geht auf die Exerzitien von Ignatius zurück!
Was kann Ignatius euch Jugendlichen sagen? Dafür haben wir zwei Szenen aus seinem Leben ausgewählt.
Wie Sebastian in unserem Gespräch schwankte Ignatius zwischen zwei Alternativen. Auf dem Krankenbett machte er Fantasiereisen: wie wäre es, wenn ich ein Ritter oder ein Heiliger wäre und er stellte fest, dass ihn auf Dauer das Leben eines Heiligen mehr zufrieden stellte. Hier kommt ein erster Tipp von Ignatius:
Du spielst die verschiedenen Möglichkeiten durch und achtest auf deine Gefühlslage. Wenn ich mir zum Beispiel diese Möglichkeit und das Leben dazu ganz konkret in meinem inneren Auge

3 Leicht abgewandelter Text aus: Kiechle, S.: Ignatius von Loyola. Meister der Spiritualität, Freiburg 2001, S. 66.

ausmale, wie fühle ich mich dabei? Zufrieden, ruhig, klar und das auf längere Zeit? Oder fühle ich mich unzufrieden, unsicher, trocken?
Aber es genügt nicht, nur Heiliger sein zu wollen. Man muss auch seine Fähigkeiten mit Gottes Führung wachsen lassen und falsche Ansichten und Schwächen erkennen und ablegen mit Gottes Hilfe. Davon erzählt die lustige und seltsame zweite Geschichte. Am liebsten hätte Ignatius den Mauren ermordet, nur weil dieser verneinte, dass Maria Jungfrau geblieben ist. Ignatius hatte sicher die Fähigkeit, Demut, Liebe und Geduld zu erlernen; das heißt aber nicht, dass er Demut, Liebe und Geduld schon hatte.
Genauso ist es mit unseren Fähigkeiten. Wir haben meistens die Fähigkeit, etwas gut zu erlernen. Wer musisch begabt ist, muss trotzdem viele Stunden mit seinem Instrument üben, damit er es spielen kann.
Als Ignatius später mit Freunden seinen Orden gründete und auch zum Oberhaupt des Ordens gewählt wurde, zeigte er, dass er nun mit Gottes Hilfe die Fähigkeiten Demut, Liebe und Geduld gelernt hatte.
Ich will euch ganz konkret vorstellen, was ihr Jugendlichen eventuell von Ignatius lernen könnt. Zum Beispiel: Sebastian aus unserem Gespräch nimmt an einem Besinnungstag teil, der von einem Jesuitenpater geleitet wird. Der Jesuit erzählt unter anderem die Geschichte, wie Ignatius seine Entscheidung fällte. In einem Einzelgespräch - wie üblich in Besinnungstagen - erzählt Sebastian seine Entscheidungssorgen. Nun erzählt der Jesuitenpater ihm die drei Möglichkeiten, eine gute Wahl zu treffen; so wie es Ignatius auch in den Exerzitien vorschlägt:
1. Du hast plötzlich eine ganz besondere Gewissheit, ohne Zweifel und mit großer Einsicht und Intuition, dass diese Entscheidung richtig ist; oder anders gesagt: dass dieser Lebensstil, diese Entscheidung genau den Willen Gottes trifft.
2. Du spielst die verschiedenen Möglichkeiten durch und achtest auf deine Gefühlslage. Wenn ich mir zum Beispiel diese Möglichkeit und das Leben dazu ganz konkret in meinem inneren Auge ausmale, wie fühle ich mich dabei? Zufrieden, ruhig, klar und das auf längere Zeit? Oder fühle ich mich unzufrieden, unsicher, trocken?
3. Du spielst die verschiedenen Möglichkeiten durch und überlegst dir mit deinem Verstand die Vor- und Nachteile bei jeder Möglichkeit.
Sebastian bekommt in den Besinnungstagen die Aufgabe, diese verschiedenen Möglichkeiten auszuprobieren. Eine Stunde für die dritte Möglichkeit. Dann zwei Stunden die zweite Möglichkeit: Fantasiereise mit der einen Berufswahl und schauen, wie fühle ich mich; und in der restlichen Zeit, zum Beispiel den nächsten zwei Tage, soll er gar nicht mehr über die Frage nachdenken, sondern sich mit Gebet und Bibel beschäftigen mit dem Vertrauen, dass Gott ihn führt.
Es gibt aber ein oberstes Prinzip bei der Entscheidung:

Letztlich geht es bei Ignatius nicht darum, bei einer Entscheidung das zu wählen, was mir besser gefällt. Sondern das zu wählen, wo ich meine Fähigkeiten zu einer größeren Ehre Gottes einsetzen kann. Wo kann ich meine Fähigkeiten am besten einsetzen, um Gott zu ehren? Diese Entscheidung ist gleich dem, was für mich im Innersten am besten ist. Im tiefsten Sinne ist deswegen Hingabe und Dienst für Gott identisch mit Selbstverwirklichung.
Das meint auch letztlich das Gleichnis, das wir im Evangelium gehört haben.
Jetzt eine Einladung an euch Firmlinge: überlegt zuerst, was sind meine Fähigkeiten? Und dann die herzliche Einladung, eine Fähigkeit Gott zu übergeben.
[Organisation erklären für die folgende Aktion]

Auf dem Zettel steht auf der einen Seite:
Die drei Arten und Weisen, eine gute Wahl zu treffen:
1. Du hast plötzlich eine ganz besondere Gewissheit, ohne Zweifel und mit großer Einsicht und Intuition, dass diese Entscheidung richtig ist; oder anders gesagt: dass dieser Lebensstil, diese Entscheidung genau den Willen Gottes trifft.
2. Du spielst die verschiedenen Möglichkeiten durch und achtest auf deine Gefühlslage. Wenn ich mir zum Beispiel diese Möglichkeit und das Leben dazu ganz konkret in meinem inneren Auge ausmale, wie fühle ich mich dabei? Zufrieden, ruhig, klar und das auf längere Zeit? Oder fühle ich mich unzufrieden, unsicher, trocken?
3. Du spielst die verschiedenen Möglichkeiten durch und überlegst dir mit deinem Verstand die Vor- und Nachteile bei jeder Möglichkeit.

Auf der anderen Seite steht:
Ich möchte meine Fähigkeit ________________________________
zur größeren Ehre Gottes einsetzen.

______________Unterschrift

Ein Jugendgottesdienst über Gesprächtipps

Der heilige Ignatius schrieb einmal einen Brief an seine Mitbrüder, die als Theologen am Konzil von Trient tätig sind. Sie enthalten einige sehr interessante Gesprächtipps. Man kann der Vorbereitungsgruppe Ausschnitte aus diesen Brief vorlegen und zu jedem Tipp gemeinsam sich eine Szene überlegen, in der das Gespräch misslingt, weil die jeweilige Gesprächsregel missachtet wurde. Im Eröffnungsteil werden diese Szenen vorgespielt. Der Brief ist in vereinfachter Form die Lesung. Die Predigt vertieft das Thema Gespräch und zeigt die wesentliche Bedeutung von Gesprächen in unserem Alltag auf. Man sollte am Ende des Gottesdienstes eine Kopie des Briefes an die Gottesdienstbesucher verteilen.

*Eröffnungsteil: Wie Gespräche misslingen k*önnen.

1. Gespräch

Erzähler: zwei Freunde machen nach der Schule Hausaufgaben

1: Wo ist mein Radiergummi hin? Hast du dir den genommen?

2: Den wirst du sicherlich verschlampt haben!

1: Komm, der lag hier neben mir auf den Tisch und jetzt ist er weg. Ich habe ihn die ganze Zeit nicht gebraucht. Vielleicht nimmst du dir schon fremde Radiergummis, ohne es zu merken.

2: Ich habe deinen Radiergummi nicht genommen!

1: Jetzt schau ich mal auf deinem Platz, ob ich ihn finde.

2: Hey, was fällt dir eigentlich ein, in meinen Sachen rumzuwühlen!

1: Wenn du dir meinen Radiergummi nimmst, ohne mich zu fragen...

2: Mir wird das zu blöde, ich gehe!

2. Gespräch:

Erzähler: Im Pausenhof unterhalten sich zwei Freundinnen

1: Ich habe gestern etwas Tolles erlebt. Ich bin das erste Mal mit meinem neuen Pferd geritten.

2: Du, ich muss dir etwas wichtiges erzählen!

1: Ja gleich! Erst muss ich dir erzählen, wie toll das Ausreiten war. Also erst sind wir über die Felder geritten, im Galopp ist er Super...

2: Du, ich glaube dir ja, dass das ganz toll war. Aber: mir geht es heute richtig mies. Und ich wollte dir erzählen warum!

1: Ach das wird schon nicht so schlimm sein! Jedenfalls musst du mich unbedingt heute oder morgen besuchen, damit du mein Pferd siehst.

2: (wütend) Ich wollte dir eigentlich erzählen, dass sich meine Eltern getrennt haben. Aber du hast nur dein Pferd im Kopf. Die anderen scheinen dir ja egal zu sein.

3. Gespräch:

Erzähler: Es gibt einen neuen Schüler in der Klasse. Er ist Spätaussiedler aus Russland. Zwei Mitschüler unterhalten sich im Pausenhof

1: Was hältst du von dem neuen Schüler?

2: Er kommt aus Russland. Ich habe gehört, dass die Russen häufig klauen.

1: Aber deswegen muss doch nicht unbedingt der Neue auch klauen.

2: Hast du seine Kleider gesehen? Als ob sie aus der Altkleidersammlung herausgeholt worden sind.

1: Markenklamotten hat er nicht an. Aber er soll gut Fußball spielen habe ich gehört.

2: Hoffentlich kommt der nicht in unseren Verein.

1: Du kennst ihn gar nicht und magst ihn trotzdem nicht. Du urteilst aber schnell.

4. Gespräch:

Erzähler: Eine Schülerin hat eine schlechte Note geschrieben und möchte es der Mutter beichten.

Schülerin: Mama ich muss dir was erzählen!

Mutter: Schatz, hier ist das Mittagessen, es ist warm. In einer halben Stunde muss ich weg und vorher muss ich unbedingt noch einiges hier aufräumen.

Schülerin: Mama, hast du fünf Minuten Zeit. Ich musste etwas beichten.

Mutter: Das kannst du mir doch heute Abend auch noch erzählen. (Mutter geht weg)

Schülerin: Es ist doch immer dasselbe. Die Arbeit scheint ihr wichtiger zu sein als ich!

Lesung:

Der Brief des Heiligen Ignatius an seine Mitbrüder, die als Theologen am Konzil von Trient tätig sind.

1. Regel: ein Gespräch kann gelingen oder misslingen - ein Gespräch ist kostbar und eine Chance

"Man kann mit Gottes Hilfe bei einem Gespräch und dem Kontakt mit vielen Menschen viel für das Heil und ihren geistlichen Fortschritt erreichen. Wenn wir aber nicht wachsam sind, und ohne den Beistand unseres Herrn, kann umgekehrt auch bei einer solchen Unterhaltung durch uns selbst und manchmal von beiden Seiten viel verloren gehen. Und deswegen ist es wichtig, dass wir vorausschauend und in einiger Ordnung ausgerichtet sind."

2. Regel: langsam, vorsichtig und liebevoll

"Ich an eurer Stelle wäre langsam im Sprechen, vorsichtig und liebevoll. Besonders wenn es um Dinge geht, die mit dem Konzil zu tun haben."

3. Regel: Zuhören und mit Ruhe aufmerksam sein auf den ganzen Menschen

"Ich an eurer Stelle würde versuchen beim Zuhören zu lernen. Wenn ich aufmerksam zuhöre, kann ich das Gespräch für mich nutzen. Ich bliebe dabei innerlich ruhig, um die Auffassungen, Gefühle und Absichten der Gesprächspartner spüren zu können und kennenzulernen, damit ich dann später um so besser antworten kann oder auch mich bewusst dazu entscheide, zu schweigen."

4. Regel: ohne Vorurteile

"Wenn es um ein schwieriges Thema geht, bei dem verschiedene Meinungen vorliegen, dann würde ich nicht nur die eigene Meinung kund geben. Ich würde Gründe und Argumente für die verschiedenen und gegensätzlichen Meinungen anführen. Das zeigt, dass ich nicht voreingenommen bin. Ich werde mich bemühen, niemanden unzufrieden oder verärgert nach einem Gespräch zurückzulassen."

5. Regel: sich Zeit nehmen

"Besonders wenn es um wichtige Fragen eines Menschen geht, ist es sehr wichtig und hilfreich, wenn ich mit dem Gesprächspartner darüber sprechen will, genügend Zeit dafür zu haben. Das heißt, dass ich mich durch Zeitmangel wegen anderer Beschäftigungen nicht bedrängen lassen darf. Denn bei einem solchen Gespräch soll ich nicht auf meine Bequemlichkeit sondern auf die Bedürfnisse meines Gesprächspartners achten und mich seiner Art anpassen. Dann wird man zur größeren Ehre Gottes viel für ihn tun können."[4]

Evangelium: 28. Sonntag, Lukas 17,11 -19

Predigt:

Was machen Freunde sehr gerne: miteinander reden. Wodurch wurden schon viele Leute Feinde: durch ein Gespräch. Wahrlich ein Gespräch kann Gelingen oder Misslingen!

Das erleben nicht nur Erwachsene. Das erleben auch Kinder und Jugendliche tagtäglich.

Für die Vorbereitungsgruppe war es überhaupt kein Problem, einige Beispiele von misslungenen Gesprächen zu finden. Jeder Regel haben wir ein Gespräch zugeordnet, das misslingt, weil die Regel nicht beachtet worden ist.

Beim ersten Gespräch ist der eine Freund wahrlich nicht vorsichtig und liebevoll. Er ist fest davon überzeugt, dass sein Freund den Radiergummi weg genommen hat.

Solche Sätze wie: "Vielleicht nimmst du dir schon fremde Radiergummis, ohne es zu merken." sind wahrlich nicht liebevoll

Zum zweiten Gespräch: Das Mädchen merkt gar nicht, wie schlecht es ihrer Freundin geht. Sie hört nicht zu, und achtet überhaupt nicht auf die Gefühle und Absichten ihrer Freundin.

---

4 Leicht abgewandelt, damit die Verständlichkeit beim ersten Hören gegeben ist: Ignatius von Loyola: Briefe und Unterweisungen, in: Ignatius von Loyola: Deutsche Werkausgabe Band I, übersetzt Peter Knauer, Würzburg 1993, S.112f.

3. Gespräch: Der Schüler hat wahrlich große Vorurteile gegenüber Spätaussiedler aus Russland. Russen stehlen häufig, tragen komische Kleider usw.
4. Gespräch: Und die Mutter kann sich nicht einmal fünf Minuten Zeit nehmen, obwohl sie das Aufräumen natürlich unterbrechen könnte.
Wir wissen sehr gut, dass jeder von uns in Gesprächen schon falsch reagiert hat. Aber was hilft uns, diese Fehler zu vermeiden? Natürlich ist es gut, einige Regeln wie die von Ignatius zu kennen. Aber häufig reicht das nicht, wir fallen in unserer alten Fehler zurück!
Da kann uns das Evangelium helfen:
Das Stichwort ist hier Danken. Stellen wir uns vor, wir würden folgende Übung jeden Abend machen: Zuerst erinnern wir uns an jedes Gespräch. Dann schauen wir, ob es gut gelaufen ist, warum es gut gelaufen ist oder warum es schlecht gelaufen ist. Und dann danken wir Gott für jedes Gespräch: für das gelungene und das misslungene.
Durch diese Übung würde unser Herz und unser Gefühl und unser Verstand verstehen: jedes Gespräch kann ich als Geschenk Gottes sehen. Bei jedem Gespräch kann ich dazulernen: etwas über mich und über die anderen.
Das Danken selbst macht uns offen, dass Gott in uns selbst wirken kann! Unsere Augen öffnen sich, und wir sehen, dass jedes Gespräch kostbar ist und eine Chance.
Diese innere Haltung der Dankbarkeit werden wir in den Alltag mit hineintragen:
Wir werden von uns selbst aus uns mehr Zeit nehmen, aufmerksam zuhören, auf die Gefühle und Absichten des Gesprächspartners achten, und im Sprechen langsam, vorsichtig und liebevoll sein.
Nun mag mancher einwenden: aber ich begegne manchmal Leuten, die reden entweder so viel Unsinn oder sind so aggressiv, dass es nutzlos ist, mit ihnen zu reden. Ich gebe zu: manche reden sehr viel über viele unwichtige und oberflächliche Dinge. Und da kann es sinnvoll sein, den Redefluss des anderen zu unterbrechen. Aber wenn es um ein wichtiges Thema geht? Und der Gesprächspartner redet Unsinn oder aggressiv?
Da kann uns noch einmal die vierte Regel helfen: ein großer Priester, der als Gesprächspartner in Streitfragen in Gesellschaft, Kirche, Staat und Gewerkschaften gefragt war, sagte zu dieser Regel: "Ich schaue, was in der Meinung des Gegners an Wahrheit steckt. Ich schaue, was an seiner Meinung richtig ist. In meiner Antwort sage ich deutlich, dass dieser und jener Punkt seiner Meinung ich für richtig halte. Damit zeige ich, dass ich ihn verstehen will, dass ich keine Vorurteile gegen ihn habe und ihn nicht völlig ablehne. Und damit gewinne ich bereits seine Sympathie, seine Bereitschaft, dass er auch mich richtig verstehen will und dass wir zu einem guten Gespräch miteinander kommen, das weiterführt." (Oswald Nell Breuning)

Fürbitten:

1. Herr unser Gott, schenke uns die Kraft, ruhig zu bleiben in schwierigen Gesprächen.
2. Herr unser Gott, schenke uns die Gabe, auf andere Menschen zuzugehen und sie nicht vorschnell zu beurteilen.
3. Herr unser Gott, schenke uns die Ruhe, damit wir in Gesprächen uns genügend Zeit nehmen.
4. Herr unser Gott, schenke und die Aufmerksamkeit, auf die Gefühle und Absichten der Mitmenschen zu achten.

2. Schöner Gottesdienst!

Kamen Sie durch die Beispiele zum Nachdenken? Haben Sie Ihr ästhetisches Urteil gefällt? Vielleicht haben manche von Ihnen sich gedacht: "Man müsste das konkret erleben, um beurteilen zu können, ob der Gottesdienst schön ist!" Oder ist Ihnen gekommen, warum Sie manches aus den drei Beispielen schön fanden?
Das führt uns zu den grundsätzlichen Fragen: Wie können wir das Urteil fällen, dass ein Gottesdienst schön sein soll? Was bedeutet überhaupt dieses Urteil: "Ein Gottesdienst ist schön"? In zwei Schritten gehen wir diesen Fragen nach. Zuerst wenden wir uns der Philosophie von Kant und insbesondere der Analytik des Schönen in der "Kritik der Urteilskraft" zu. (Wer diesen Teil überspringt, möge die Zusammenfassung am Ende lesen.) Dann werden wir von der Philosophie Kants ausgehend einige Überlegungen anstellen, was besonders Gottesdienste schön macht oder was besonders an Gottesdiensten schön ist.

1. Kants Philosophie: Erforschungen über das Zusammenspiel der Vermögen

Die Philosophie von Kant ist eine Lehre über die Vermögen. Kant stellt sich die Frage, wie die verschiedenen Vermögen miteinander in Beziehung stehen. Um einen leichten Einstieg zu ermöglichen, möchte ich Kants Philosophie mit einem Gleichnis umreisen:

1.1. Ein Gleichnis über Kants Philosophie

Der menschliche Geist ist für Kant wie eine Firma mit mehreren Mitarbeitern. Die Mitarbeiter sind die verschiedenen Geisteskräfte bzw. Seelen-Vermögen. Die Firma besteht aus vier Mitarbeitern: Sinnlichkeit, Einbildungskraft, Verstand und Vernunft. Bei der Kritik der reinen Vernunft hat die Firma "menschlicher Geist" das Firmenziel Erkenntnis. Der Seniorchef Vernunft übergibt dem Juniorchef Verstand die ganze Verantwortung und die Leitung. Der Verstand organisiert das Zusammenspiel zwischen Sinnlichkeit, Einbildungskraft und sich selbst. Bei der Kritik der praktischen Vernunft hat die Firma das Firmenziel moralisches Handeln. Der Seniorchef Vernunft entdeckt in sich selbst das Gesetz, um dieses Firmenziel zu erreichen. Er übernimmt die ganze Verantwortung und Organisation bei diesem Firmenziel. Die anderen Mitarbeiter haben sich seinen Anweisungen unterzuordnen.

Bei der Kritik der Urteilskraft treten zwei große Veränderungen ein: Wir können erstens nicht mehr von einer Firma mit einem Firmenziel reden. Zweitens besteht keine Hierarchie zwischen den einzelnen Vermögen. Sowohl beim Schönen als auch beim Erhabenen treten die Vermögen in ein freies Zusammenspiel zusammen. Der menschliche Geist ist hier eher mit einer Partnerschaft, einer Ehe zu vergleichen. Beim Schönen treten Einbildungskraft und Verstand in ein harmonisches Zusammenspiel zusammen. Genauso wie eine Partnerschaft bzw. eine Ehe den Sinn, ihr Ziel in sich selbst vorfinden kann, genauso ist das Ziel eines solchen harmonischen Zusammenspiel in diesem selbst zu suchen. Das Erhabene ist vielleicht vergleichbar mit einer Beziehungskrise oder einem Streit zwischen Eltern und ihren Kindern in oder nach der Pubertät. Alle Beteiligten werden an die Grenzen ihrer Belastbarkeit getrieben; man muss seine eigenen Grenzen überschreiten, um den anderen irgendwie verstehen zu können; für keinen gibt es einen eindeutigen "Erfolg"; vielmehr werden auch noch bei der Versöhnung Tränen verflossen.

1.2. Die Interessen und Zwecke der Vernunft

Kant geht davon aus, dass die höchsten Zwecke der Vernunft das System der Kultur bilden. Für den Empirismus sind die Zwecke der Vernunft letztlich immer Zwecke der Natur. Aber woher - so fragt Kant - kommen dann Konflikte zwischen zwei Arten von Zwecken? Ein Beispiel: unter dem Gesichtspunkt der Natur höre ich auf, ein Kind zu sein, wenn ich in der Lage bin, Kinder zu bekommen; aber unter kulturellen Gesichtspunkten bin ich noch ein Kind, solange ich keinen Beruf habe. Kant wendet sich aber auch gegen den Rationalismus. Dieser ordnet der Vernunft höhere Zwecke zu: ein höheres Wesen, ein Gut... Kant erwidert: die Zwecke der Vernunft sind ihre eigenen. Deswegen ist die Vernunft auch der einzige Richter über diese Zwecke. Daraus ergibt sich der wesentliche Grundsatz der transzendentalen Methode: 1. Diese Methode bestimmt die wahre Natur der Interessen oder Zwecke der Vernunft. 2. Und bestimmt die Mittel, diese Interessen zu verwirklichen.[5]

Wir müssen mehrere Bedeutungen des Wortes Vermögen unterscheiden. Erste Bedeutung des Wortes Vermögen: Wir unterscheiden soviele Seelen-vermögen wie es Beziehungstypen gibt. Im Vermögen der Erkenntnis soll eine Beziehung der Konformität zwischen Subjekt und Objekt erreicht werden. Tritt die Vorstellung in ein Kausalitätsverhältnis zu dem Objekt, dann handelt es sich um das Vermögen des Begehrens. Schließlich kann die Vorstellung auch in Bezug zu dem Subjekt treten, seine Lebenskräfte hemmen oder stärken. Dieses dritte Verhältnis ist das Gefühl der Lust und Unlust als Vermögen. Bei allen drei Formen geht es um die Frage, ob das Vermögen zu einer oberen Form fähig ist. Obere Form bedeutet, dass das Vermögen in sich selbst das Gesetz seiner eigenen Ausübung findet. Die Kritik der reinen Vernunft fragt also, ob es ein oberes Erkenntnisvermögen gibt. Die Kritik der praktischen Vernunft fragt, ob es ein oberes

5 Vgl. Deleuze, G.: Kants kritische Philosophie, Berlin 1990, S. 19 – 23.

Begehrungsvermögen gibt. Und zuletzt fragt die Kritik der Urteilskraft, ob es eine obere Form der Lust und der Unlust gibt.[6]

Aber was ist eine obere Form? Verdeutlichen wir es am oberen Erkenntnisvermögen. Eine Erkenntnis ist eine Synthese der Vorstellungen. Es gibt zwei Formen der Synthese: 1. die Synthese ist von der Erfahrung abhängig. Beispiel: diese gerade Linie ist weiß. 2. die Synthese erschließt sich aus dem Denken, a priori. Beispiel: alles, was geschieht, hat seine Ursache. Die Hauptmerkmale des a priori sind das Allgemeine und das Notwendige. Wenn die Synthese empirisch ist, erscheint das Erkenntnisvermögen in seiner unteren Form. Es findet sein Gesetz in der Erfahrung und nicht in sich selbst. Die Synthese a priori definiert ein oberes Erkenntnisvermögen. Denn das Objekt selbst muss der Synthese der Vorstellung unterworfen werden. Wenn das Erkenntnisvermögen in sich selbst sein eigenes Gesetz findet, ist es damit für die Objekte der Erkenntnis gesetzgebend. Mit der Bestimmung einer oberen Form des Erkenntnisvermögens ist ein Interesse der Vernunft erfüllt: sein spekulatives Interesse.[7]

1.3. Das Zusammenspiel der grundlegenden Vermögen ermöglicht die Verfolgung der Interessen der Vernunft

Die Zweite Bedeutung des Wortes Vermögen kann uns zeigen, wie die Interessen der Vernunft erfüllt werden. Es gibt bei Kant grundlegende Vermögen, die in ihrem Zusammenspiel die drei Vermögen in der ersten Wortbedeutung "produzieren". Das sind die drei aktiven Vermögen Einbildungskraft, Verstand und Vernunft und das passive Vermögen Sinnlichkeit. Die Sinnlichkeit ist der Ursprung der Anschauung, eine Vorstellung, die sich unmittelbar auf ein Objekt der Erfahrung bezieht. Der Verstand produziert Begriffe, die sich mittelbar auf ein Objekt der Erfahrung beziehen. Die Vernunft ist der Ursprung der Ideen, welche die Möglichkeit der Erfahrung überschreiten. Was in der Anschauung aufgenommen wird, ist nicht das Ding an sich, sondern die Erscheinung - eingeordnet in Zeit und Raum. Zeit und Raum sind damit Präsentationen a priori.[8]

Die erste Frage der Kritik überhaupt ist die nach den Interessen der Vernunft. Die zweite Frage schließt sich unmittelbar an: wie verwirklicht sich ein Interesse der Vernunft und wie können wir uns dessen sicher sein? Dem Vermögen in der ersten Wortbedeutung muss ein Vermögen in der zweiten Wortbedeutung entsprechen, das dieses Interesse verwirklicht. In der Kritik der reinen Vernunft überlässt die Vernunft alles dem Verstand. Der Verstand ist im Erkenntnisvermögen gesetzgebend. Er garantiert die Unterwerfung der Objekte. Unter dem Vorsitz des Verstandes treten alle vier Vermögen in ein Zusammenspiel ein. Bei der Kritik der praktischen Vernunft hat die Vernunft selbst den Vorsitz. Bei der Kritik der Urteilskraft treten alle vier Vermögen in ein freies Zusammenspiel ein ohne einen Vorsitz. Schon in dieser Auflistung erkennen wir eine

---

6 Vgl. Deleuze, G.: Kants kritische Philosophie, Berlin 1990, S. 23f.
7 Vgl. Deleuze, G.: Kants kritische Philosophie, Berlin 1990, S. 24-27.
8 Vgl. Deleuze, G.: Kants kritische Philosophie, Berlin 1990, S. 30-33.

Besonderheit der Kritik der Urteilskraft: während die ersten beiden Kritiken von einem Vorsitz eines Vermögens ausgehen (Modell: Ordnung durch Hierarchie), entwickelt die Kritik der Urteilskraft ein neues Modell des Zusammenspiels: ein freies Modell.V[9]

1.4. Kritik der ästhetischen Urteilskraft

Gehen wir also von diesen grundsätzlichen Aspekten der Philosophie Kants aus, so müssen wir für die Kritik der Urteilskraft zuerst folgende Frage stellen: gibt es eine obere Form des Gefühls? Um diese Frage beantworten zu können, müssen wir nach Vorstellungen suchen, die a priori einen Zustand des Subjekts als Lust oder Unlust bestimmen. Diese "höhere Lust" darf also nicht an eine sinnliche Lockung gebunden sein. Dann wäre meine Lust ja an das empirische Interesse für die Existenz des Objekts meiner Empfindung geknüpft. Meine Urteilskraft wäre abhängig vom Objekt und würde das Gesetz, durch das es ein ästhetisches Urteil fällt, nicht in sich selber finden. "Das Empfindungsvermögen kann nur höher sein, indem es grundsätzlich interesselos ist. Was zählt, ist nicht Existenz des vorgestellten Objekts, sondern die schlichte Wirkung einer Vorstellung auf mich. Ebenso gut könnte man sagen, dass eine höhere Lust der sinnliche Ausdruck eines reinen Urteils ist, eine reine Beurteilung. Diese Beurteilung präsentiert sich zunächst im ästhetischen Urteil des Typs "das ist schön"."[10]

2. Analytik des Schönen

Was ist das Urteil "x ist schön."? Das ist ein Geschmacksurteil. Der Geschmack ist das Vermögen der Beurteilung des Schönen. Kant spricht also nicht direkt über schöne Dinge, sondern er analysiert unser Reden über schöne Dinge. In seinem Gliederungsschema beginnt er mit der Analytik. Sie wird unter vier Gesichtspunkten durchgeführt. Unter dem Gesichtspunkt der Qualität, der Quantität, der Relation und der Modalität

2.1. Der Bestimmungsgrund des Geschmacksurteils ist subjektiv.

"Das Geschmacksurteil ist ästhetisch." (KU A4)[11] d.h. dieses Urteil ist nicht ein Erkenntnisurteil. Der Bestimmungsgrund des Geschmacksurteils ist subjektiv. Wir sprechen davon, wie wir uns fühlen, wenn wir den Gegenstand betrachten. Das Wohlgefallen ist keine Eigenschaft des Objekts sondern ein Zustand des Subjekts.

Böhme hat darauf hingewiesen, dass Kant noch in der Substanzontologie verhaftet ist und somit die Relation als solche nicht fassen kann. Er muss somit alles entweder auf das Objekt oder auf

---

9 Vgl. Deleuze, G.: Kants kritische Philosophie, Berlin 1990, S. 33-35.

10 Deleuze, G.: Kants kritische Philosophie, Berlin 1990, S. 100.

11 KU: Kant, I.: Kritik der Urteilskraft

das Subjekt zurückführen. Aber die Erfahrung, die zu dem Urteil führt, dass x schön ist, ist eine Erfahrung einer Kopräsenz. "Was durch ein Geschmacksurteil der Form "x ist schön" ausgesagt wird, ist nämlich, dass ich als erkennendes Subjekt in der Gegenwart von x mich in charakteristische Weise "befand". [...] Durch diese Formulierung sind wir allerdings bereits aus dem kantischen Denken herausgetreten. Wir haben nämlich damit Schönheit weder dem Objekt noch dem Subjekt als Prädikat zugeschrieben. Schönheit ist kein Prädikat, sondern die Charakteristik einer Kopräsenz. [...] Schönheit ist danach eine Atmosphäre, eine gemeinsame Wirklichkeit von Subjekt und Objekt."[12] Das wird auch für unsere Betrachtungen zum Gottesdienst wichtig sein.

2.2. Das Schöne unterscheidet sich vom Angenehmen und vom Guten.

Das Wohlgefallen angesichts eines schönen Dings wird von Kant gegenüber zwei anderen Formen des Wohlgefallens unterschieden: das Angenehme und das Gute.

"Angenehm ist das, was den Sinnen in der Empfindung gefällt." (KU A7) Als angenehm bezeichnen wir Dinge, die uns Genuss bereiten, z. B.: Getränke, Speisen, Düfte. Wir haben also ein Interesse an den angenehmen Dingen, weil sie uns Vergnügen bereiten. Mögen wir auch ein vorbegriffliches Empfinden für den Unterschied zwischen angenehm und schön haben, so ist es einerseits nicht einfach, den Unterschied begrifflich scharf zu fassen, und andererseits eindeutige Beispiele anführen zu können. Kant bestimmt den Unterschied durch das Interesse: das Schöne ist ohne alles Interesse, das Angenehme mit Interesse verbunden. Kant beschreibt das Wohlgefallen ohne Interesse folgendermaßen: "Nun will man aber, wenn die Frage ist, ob etwas schön ist, nicht wissen, ob uns, oder irgendjemand, an der Existenz der Sache irgendetwas gelegen sein, oder auch nur gelegen sein könne; sondern, wie wir sie in der bloßen Betrachtung (Anschauung oder Reflexionen) beurteilen." (KU A5). "Man will nur wissen, ob die bloße Vorstellung des Gegenstandes in mir mit Wohlgefallen begleitet ist, so gleichgültig ich auch immer in Ansehung der Existenz des Gegenstandes dieser Vorstellung sein mag." (KU A6)

Dagegen: "Dass nun mein Urteil über einen Gegenstand, wodurch ich ihn für angenehm erkläre, ein Interesse an demselben ausdrücke, ist daraus schon klar, dass es durch Empfindung eine Begierde nach der gleichen Gegenstände rege macht" (KU A10).

Da ich die Unterscheidung zwischen schön und angenehm, die Kant einführte, für wertvoll und wichtig halte, aber andererseits seine Erklärungen und Begründungen des Unterschiedes für wenig hilfreich halte, möchte ich den Unterschied mit einem Gedanken von Bergson präzisieren. Bergson geht davon aus, dass normalerweise unsere Wahrnehmung auf Handeln ausgerichtet ist. Dies beeinflusst unsere Wahrnehmung wesentlich: wir achten nur auf die Dinge, die eine Bedeutung haben könnten für zukünftiges Handeln. Wenn ich Auto fahre, achte ich auf die Straße, andere Autos und Fußgänger, aber nicht auf die Blumen neben der Straße. "Dasselbe

12 Böhme, G.: Kants Kritik der Urteilskraft in neuer Sicht, Frankfurt 1999, S. 18.

könnte man von der Wahrnehmung sagen. Als Hilfsmittel der Handlung isoliert sie aus dem Ganzen der Wirklichkeit das, was uns interessiert; sie zeigt uns weniger die Dinge selbst als den Nutzen, den wir aus ihnen ziehen können."[13] Nehmen wir die Situation an, dass ich wahrnehmen kann, ohne meine Wahrnehmung in Abhängigkeit zu meinem zukünftigen Handeln (d.h. im Prinzip zu meinem Eigennutz) zu setzen, dann kann ich erstens mehr wahrnehmen und zweitens erlebe ich das Wahrgenommene anders. Besonders Künstler haben nach Bergson diese Fähigkeit. "Aber von Zeit zu Zeit tauchen durch einen glücklichen Zufall Menschen auf, deren Sinne und Bewusstsein dem Leben weniger verhaftet sind. [...] Sie nehmen nicht nur wahr im Hinblick auf das praktische Handeln, sie nehmen wahr, um einfach wahrzunehmen in einen interessenlosen Wohlgefallen."[14] Bergson zum Beispiel war es wichtig zu betonen, dass ich dann die Zeit nicht mehr als pulverisiert sondern als ein Fliesen erfahre. "Alles Erstarrte wird sich dann entspannen, alles Eingeschlummerte wieder erwachen"[15]

Das Angenehme bezeichnet die Blickweise, in der ich meine Wahrnehmung in Abhängigkeit setze zu meinem zukünftigen Handeln. Deswegen habe ich auch, wie Kant sagt, eine Interesse an der Existenz des Gegenstandes, den ich betrachte. Dass diese Deutung des Angenehmen auch im Sinne Kants ist, zeigt folgende Stelle: "Denn diese wäre die Annehmlichkeiten in der Empfindung seines Zustandes, und, da doch endlich alle Bearbeitung unserer Vermögen aufs Praktische [!] ausgehen und sich darin als in ihren Ziele vereinigen muss, so könnte man ihnen keine andere Schätzung der Dinge und ihres Werts zumuten, als die in dem Vermögen besteht, welche sie versprechen." (KU A8). Das Schöne dagegen bezeichnet die Blickweise, in der ich nur wahrnehme, ohne diese Wahrnehmung durch einen Bezug auf meinen zukünftigen Nutzen und mein zukünftiges Handeln zu filtern. Von dieser Erklärung des Unterschieds zwischen schön und angenehm ausgehend können wir erkennen, dass die Bestimmung, Liturgie sei ein Spiel, und die Forderung, dass die Liturgie schön sein soll, sich gegenseitig erhellen. Ein Spiel hat seinen Zweck in sich selbst; es ist nicht auf zukünftiges Handeln oder zukünftigen Nutzen ausgerichtet.

Ebenso muss man nach Kant das Schöne vom Guten unterscheiden. Kant sagt: jeder, der eingesehen hat, dass eine bestimmte Einstellung oder Handlungsweise im ethischen Sinn gut ist, hat ein Interesse daran, das Gute zu realisieren. Das "Gute ist ein Objekt des Willens (das ist eines durch Vernunft bestimmten Begehrungsvermögen)" (KU A13f) Als vernunftbegabte Lebewesen wollen wir, dass die Idee des Guten in unseren Handlungen - auch gegen Widerstände - realisiert wird, und wir freuen uns über Realisierungen dieser Idee.

"Das Angenehme, das Schöne, das Gute bezeichnen also drei verschiedene Verhältnisse der Vorstellungen zum Gefühl der Lust und Unlust, in Beziehung auf welches wir Gegenstände, oder Vorstellungsarten, voneinander unterscheiden." (KU A14f) Die Formen der Lust am Angenehmen und am Guten stimmen bei allen sonstigen Unterschieden darin überein, dass sie

13 Bergson, H.: Denken und schöpferisches Werden, Hamburg 1993, S. 157.

14 Bergson, H.: Denken und schöpferisches Werden, Hamburg 1993, S. 157f.

15 Bergson, H.: Denken und schöpferisches Werden, Hamburg 1993, S. 158.

mit Interesse am Gegenstand oder seiner Vorstellung verknüpft sind. Einzig das Wohlgefallen am Schönen ist frei von jeglichem Interesse. Die Qualität wird also negativ bestimmt von Kant.[16]

2.3. Das Schöne versteht sich als allgemeines Wohlgefallen.

"Das Schöne ist das, was ohne Begriffe, als Objekt eines allgemeinen Wohlgefallens vorgestellt wird." (KU A17) Aber was bedeutet allgemeines Wohlgefallen? Es gibt keine Privatbedingungen als Gründe des Wohlgefallens. Ein Beispiel: mir schmeckt dieser Wein - das ist privat. Dies ist ein guter Riesling - das ist ein Urteil, das durch allgemeine Kriterien erschlossen werden kann. Das Geschmacksurteil ist ein Urteil dazwischen.

Etwas nicht bloß als angenehm im Sinne einer einzelnen Person, sondern als schön zu bezeichnen, ist gleichbedeutend mit der Erwartung, dass auch andere unsere Wertschätzung teilen werden. Auch wenn wir diese Erwartung nicht dadurch bestätigen können, dass wir andere argumentativ zwingen können, uns zuzustimmen. Wir sprechen vom Schönen so "als ob Schönheit eine Beschaffenheit des Gegenstandes und das Urteil logisch wäre; ob es gleich nur ästhetisch ist und bloß eine Beziehung der Vorstellung des Gegenstandes auf das Subjekt enthält". (KU A 18)

Die Zustimmung anderer wird nach Kant stets angestrebt wird. Auch bei Ablehnung unterstellt er dennoch, dass die anderen ihm zustimmen würden, wenn sie nur eine ästhetische Einstellung zum Gegenstand einnähmen und diese vorurteilsfrei, in angemessener Weise wahrnähmen. Der Untersuchungsaspekt Quantität zeigt also, dass allgemeine Zustimmung angestrebt wird.[17]

Ein Geschmacksurteil bezieht sich auf einzelne Gegenstände. Ein rein ästhetisches Urteil ist: Diese Rose ist schön. Dagegen ist das Urteil "Rosen sind schön!" ein logisches Urteil über eine Klasse von Gegenständen. (Diese Feststellung gehört auch zum Aspekt Quantität.) Durch rein begriffliche Argumente können wir den anderen nicht überzeugen, beschwatzen, dass ein Gegenstand schön sein soll. Begriffliche Erläuterungen können nur Anregungen sein.[18]

2.4. Ästhetischer Gemeinsinn

Kant stellt sich die Frage, ob im Geschmacksurteil das Gefühl der Lust vor der Beurteilung des Gegenstandes, oder diese vor jener vorhergehe. Beim Urteil über das Angenehme ist es nämlich gerade so, dass die lustvolle Empfindung allein Bestimmungsgrund des Urteils ist. Der Bestimmungsgrund für das Urteil, x ist schön, besteht aber nach Kant im besonderen Verhältnis der Vermögen zueinander, das bei diesem Urteil besteht. Es ist ein freies Spiel zwischen Einbildungskraft und Verstand, das einerseits Lust hervorbringt und andererseits allgemein mitteilbar ist. Denn wenn ich bei mir ein solches freies Spiel zwischen Einbildungskraft und Verstand erlebe, kann ich davon ausgehen, dass ein anderer Mensch in einer ähnlichen Situation

16 Vgl. Teichert, D.: Immanuel Kant: „Kritik der Urteilskraft“, Paderborn 1992, S. 18-22.
17 Vgl. Teichert, D.: Immanuel Kant: „Kritik der Urteilskraft“, Paderborn 1992, S. 23-25.
18 Vgl. Teichert, D.: Immanuel Kant: „Kritik der Urteilskraft“, Paderborn 1992, S. 26.

ebenso in sich ein solches freies Spiel der Vermögen empfinden wird. Wir werden dies noch genauer beschreiben.[19]
Das Lustgefühl beim Schönen gründet sich weder auf die Sinnesempfindung noch auf den Begriff des Objekts allein. Entscheidend ist vielmehr der Umstand, dass die Erkenntniskräfte sich in einem Zustand befinden, der als freies Spiel charakterisiert wird. Die Lust am Schönen ist keine Lust an bestimmten Eigenschaften von Objekten, sondern eine Lust an unserer eigenen Erkenntnisfähigkeit bzw. der spielerischen Harmonie von Einbildungskraft und Vernunft, die wir fühlen können. Wir empfinden dies als eine Belebung unserer Gemütskräfte.[20]
"Schön ist das, was ohne Begriff allgemein gefällt." d.h. nicht, dass der Verstand nicht im Geschmacksurteil aktiv wird. Es heißt nur, dass der Verstand mit seinem Begriffe nicht den Vorsitz hat. Kant betont außerdem, dass seine Untersuchung eine transzendentale ist, das heißt für alle Zeiten und Völker gleich - trotz der Pluralität der verschiedenen Stile und Geschmacksrichtungen in den unterschiedlichen Kulturen. Denn die Logik der Beurteilung ist stets die gleiche.

2.5. Subjektive Form der Zweckmäßigkeit ohne Zweck

Urteile, die gewisse Gegenstände oder Handlungen unter der Voraussetzung präziser Zwecke darauf hin beurteilen, ob sie zur Realisierung der Zwecke beitragen, sind Zweckmäßigkeitsurteile. Z. B. ist es zweckmäßig in eine Studentenverbindung einzutreten, um dann über Beziehungen leichter eine Anstellung nach dem Studium zu bekommen.
Manche Vorstellungen sind Gründe für bestimmte Befindlichkeiten, für Lust- oder Unlustgefühle. Die entscheidende Feststellung Kants ist nun: "die Zweckmäßigkeit kann also ohne Zweck sein, sofern wir die Ursache dieser Form nicht in einem Willen setzen, aber doch die Erklärung ihrer Möglichkeit, nur indem wir sie von einem Willen ableiten, und begreiflich machen können." (KU A34). Beispiele für eine Zweckmäßigkeit ohne Zweck findet Kant außerhalb des Bereichs zweckintendierenden Handelns: Lebewesen, ihre Strukturelemente haben eine solche Form und Anordnung, als ob ein planender Wille ihre Organisation bestimmt hätte. Zweckmäßigkeit der Form![21]
Nun der Bezug auf die Ästhetik: "Das Geschmacksurteil hat nichts als die Form der Zweckmäßigkeit eines Gegenstandes (oder der Vorstellungsart desselben) zum Grunde." (KU A34). Die These behauptet, dass die Gegenstände des Geschmacksurteils nicht als Zwecke betrachtet, sondern allein auf Grund einer Form von Zweckmäßigkeit beurteilt werden.
Kant unterscheidet zwei Zweckbegriffe. 1. Subjektiver Zwecke: als subjektive Zwecke können das Wohlbefinden und das Lustgefühl des Subjekts gelten. 2. Objektiver Zweck: allgemein gültige Erwägungen für die Menschen, das Nützliche und das sittlich Gute.

---

19 Vgl. Teichert, D.: Immanuel Kant: „Kritik der Urteilskraft“, Paderborn 1992, S. 30.
20 Vgl. Teichert, D.: Immanuel Kant: „Kritik der Urteilskraft“, Paderborn 1992, S. 31.
21 Vgl. Teichert, D.: Immanuel Kant: „Kritik der Urteilskraft“, Paderborn 1992, S. 32-35.

Auf die Überlegungen zur Qualität des Geschmacksurteils zurückgreifend kann Kant sagen, dass dem Geschmacksurteil kein Zweck des Subjekts zu Grunde legen kann. Weil das Geschmacksurteil auch kein Erkenntnisurteil ist, dass die objektive Beschaffenheit von Gegenständen erkennt, liegt dem Geschmacksurteil auch kein objektiver Zweck zu Grunde. So ergibt sich eine subjektive Form der Zweckmäßigkeit ohne Zweck. Was heißt das?[22]

Kant zeigt, dass das Geschmacksurteil auf Gründen a priori beruht. Aber wie kann das Gefühl des Subjekts als ein empirisches Moment eine Rolle spielen bei einem Urteil a priori? Weil dieses Gefühl auf einem spezifische Wechselspiel von Einbildungskraft und Verstand beruht, können wir ohne Rekurs auf Erfahrungen wissen, dass immer dann, wenn Einbildungskraft und Verstand durch eine Vorstellung in ein spielerisches Verhältnis gebracht werden, ein positives Geschmacksurteil durch das Subjekt gefällt werden kann.[23]

Sobald Reize und Rührung bei der Beurteilung der Gegenstände eine Rolle spielen, ist das Geschmacksurteil nicht mehr rein. Denn Rührung ist ein Affekt des Betrachters, der nicht allein durch die Beobachtung der Form des Gegenstands entsteht. "Ein Geschmacksurteil ist also nur sofern rein, als kein bloß empirisches Wohlgefallen dem Bestimmungsgrunde desselben beigemischt wird." (KU A39)

2.6. Die Form des Objekts und das freie Zusammenspiel

Nach Kant kann ein einzelner Ton einer Violine nicht schön sondern nur angenehm sein. Denn die Einbildungskraft bezieht sich bei ihrem Geschmacksurteil auf die Form des Objekts; zum Beispiel die Form eines Musikstückes, die durch die Struktur der verschiedenen Noten entsteht. Bei der Malerei gehört die Farbe zum Reiz, das Wesentliche ist die Zeichnung, die Komposition der Linien. "Aber die Farbe und der Ton sind zu materiell, zu tief in unsere Sinnen versenkt, um sich derart in der Einbildungskraft reflektieren zu können: es sind eher Hilfsmittel als Elemente der Schönheit."[24]

Wenn die Einbildungskraft ein einzelnes Objekt in Ansehung der Form reflektiert, bezieht sie sich nicht auf einen bestimmten Begriff des Verstandes. "Aber sie bezieht sich auf den Verstand selbst als das Vermögen der Begriffe im allgemeinen; sie bezieht sich auf einen unbestimmten Verstandesbegriffe. Das heißt: die Einbildungskraft in ihrer reinen Freiheit stimmt mit dem Verstand und seiner nicht spezifizierten Rechtmäßigkeit überein."[25] Diese freie und unbestimmte Übereinstimmung zwischen den Vermögen kann nicht intellektuell erkannt sondern nur gefühlt werden.

2.7. Ist das Schöne vollkommen?

---

22 Vgl. Teichert, D.: Immanuel Kant: „Kritik der Urteilskraft", Paderborn 1992, S. 36-38.

23 Vgl. Teichert, D.: Immanuel Kant: „Kritik der Urteilskraft", Paderborn 1992, S. 39.

24 Deleuze, G.: Kants kritische Philosophie, Berlin 1990, S. 101.

25 Deleuze, G.: Kants kritische Philosophie, Berlin 1990, S. 103-104.

In Paragraph 15 stellt sich Kant der Auffassung vom Baumgarten, dass sich der Begriff des Schönen aus dem Begriff des Vollkommenen ableiten lasse. Nach Kant wird die objektive Zweckmäßigkeit von Gegenständen den nur auf der Basis eines Begriffs festgestellt. Die objektive Zweckmäßigkeit zerfällt in zwei Untergruppen: äußere Zweckmäßigkeit - Nützlichkeit, innere Zweckmäßigkeit - Vollkommenheit. Aber das Geschmacksurteil ist ein ästhetisches Urteil. Es ist nicht auf einen Begriff vom Gegenstand gegründet, sondern durch das Gefühl eines harmonischen Verhältnisses der Vermögen bestimmt. Die Philosophie von Baumgarten nennt solche Urteile ästhetisch, die die Vollkommenheit des Objekts auf verworrene Weise erkennen. Das ist ein widersprüchliches Verfahren. Denn Urteile über Eigenschaften der Dinge, gleichgültig, ob es sich um klare oder verworrene Urteile handelt, sind stets Urteile des Verstandes und nicht der Sinne.[26]

2.8. Freie Schönheit oder bloß anhängende Schönheit

"Es gibt zweierlei Arten von Schönheit: freie Schönheit oder bloß anhängende Schönheit. Die erstere setzt keinen Begriff von dem voraus, was der Gegenstand sein soll; die zweite setzt einen solchen und die Vollkommenheit des Gegenstandes nach demselben voraus." (KU A48)

Beispiele für freie Schönheit sind Blumen, Vögel, Verzierungen, Tapetenmuster, musikalische Fantasien. Sie dienen keinem bestimmten Zweck und fallen nicht unter anspruchsvolle begriffliche Bestimmungen.

Beispiele der anhängenden Schönheit sind Menschen, Pferde, Bauwerke. Das Pferd kann man eben auch als Reittier einschätzen. Man kann also ein und denselben Gegenstand als freie Schönheit oder als anhängende Schönheit beurteilen. Daraus können auch gewisse Streitigkeiten in Sachen Geschmack entstehen.[27]

2.9. Das Ideal der Schönheit

Schließlich überlegt Kant, ob es einen Gegenstand geben kann, der als Urbild des Geschmacks gelten kann, insofern als er der Idee der Schönheit entspricht. Solch ein Gegenstand der Anschauung heißt Ideal. Ein Ideal ist die Versinnlichung einer Vernunftidee, die selbst nicht anschaulich ist. Nur der Mensch als das Wesen, das den Zweck seiner Existenz in sich selbst hat, ist eines Ideals der Schönheit fähig.

Um dies zu erklären, führt er den Begriff der Normalidee ein: sie versinnlicht den Gattungsbegriff in einer konkreten Gestalt ohne spezielle Charakteristika. Man kann zwar zu allen Gattungen Normalideen bilden; aber nur der Mensch kann ein Ideal der Schönheit sein, weil sein Körper zum sichtbaren "Ausdruck sittlicher Ideen" werden kann.[28]

---

26 Vgl. Teichert, D.: Immanuel Kant: „Kritik der Urteilskraft“, Paderborn 1992, S. 41-44.

27 Vgl. Teichert, D.: Immanuel Kant: „Kritik der Urteilskraft“, Paderborn 1992, S. 44f.

28 Vgl. Teichert, D.: Immanuel Kant: „Kritik der Urteilskraft“, Paderborn 1992, S. 46-48.

Beispiele sind Bildwerke von Menschen, in denen wir spezifische menschliche Eigenschaften erkennen, wie Ruhe/Gelassenheit, Seelengüte, Stärke im Sinn von Willensstärke. All dies sind Bedingungen für gutes Handeln. "Ein Ideal der Schönheit ist in diesem Sinne freilich auf der Ebene des reinen Geschmacks gar nicht denkbar. Denn das Ideal wird ausdrücklich als Pendant einer Vernunftidee, als Versinnlichung der Idee des Menschen als moralischer, autonomer Person bestimmt."[29]

2.10. Unter dem Gesichtspunkt der Modalität:

Inwiefern kann man einem Urteil, dass kein objektives Erkenntnisurteil ist, Notwendigkeit zuschreiben? Im Fall des Geschmacksurteils postuliert Kant eine besondere Art der Notwendigkeit, sie kann nur exemplarisch genannt werden, "eine Notwendigkeit der Beistimmung aller zu einem Urteil, das als Beispiel einer allgemeinen Regel, die man nicht angeben kann, angesehen wird."[30] Denn beim Geschmacksurteil steht an der Stelle eines begrifflichen Prinzips, das als Regel fungiert, ein Gefühlszustand des Subjekts. Weil ich weiß, dass prinzipiell jeder andere Mensch unter identischen Bedingungen ebenfalls ein interesseloses Wohlgefallen an meiner Stelle empfinden könnte, ist das Geschmacksurteil universal. Exemplarisch ist es, weil ich nicht in begriffliche Rede fixieren kann, welche Gegenstandseigenschaften ein Geschmacksurteil begründen.

Uneingeschränkt ist der Anspruch deswegen nicht, weil man sich in Bezug auf Gefühlszustände täuschen kann. (Der Gefühlszustand, der das Geschmacksurteil begründet ist als ein Zustand, in dem sich unterschiedliche Subjekte in gleicher Weise befinden können, auch als Gemeinsinn zu bezeichnen.)[31]

2.11. Interesselos und nicht gesetzgebend aber begründend

Wir haben also eine obere Form für die Lust gefunden; aber diese obere Form ist nicht mit einem Interesse verbunden - nicht mit einem spekulativen und nicht mit einem praktischen Interesse. Ebenso ist diese obere Form nicht für ein Objekt gesetzgebend; es ist nur über sich selbst gesetzgebend.[32] Der ästhetische Gemeinsinn ergänzt also nicht den logischen und den moralischen und steht mit diesen nicht auf derselben Stufe, weil er eben nicht gesetzgebend ist. "Der ästhetische Gemeinsinn repräsentiert keine objektive Übereinstimmung der Vermögen (das heißt, eine Unterwerfung von Objekten unter ein herrschendes Vermögen, das gleichzeitig die Rolle der übrigen Vermögen in Bezug auf diese Objekte bestimmen würde), sondern eine reine subjektive Harmonie, in der die Einbildungskraft und der Verstand sich spontan ausüben, jeder

29 Teichert, D.: Immanuel Kant: „Kritik der Urteilskraft“, Paderborn 1992, S. 48.

30 Zitiert nach: Teichert, D.: Immanuel Kant: „Kritik der Urteilskraft“, Paderborn 1992, S. 50.

31 Teichert, D.: Immanuel Kant: „Kritik der Urteilskraft“, Paderborn 1992, S. 50f.

32 Deleuze, G.: Kants kritische Philosophie, Berlin 1990, S. 101-102.

auf seine Weise. Infolgedessen ergänzt der ästhetische Gemeinsinn nicht die beiden anderen; er begründet oder ermöglicht sie. Niemals übernähme ein Vermögen eine gesetzgebende oder bestimmende Rolle, wenn alle Vermögen zusammen nicht zunächst zu dieser freien, subjektiven Harmonie fähig wären."[33]

Zusammenfassung der Analytik des Schönen bei Kant:
Kant unterscheidet das Angenehme vom Schönen. Ein Wiener Schnitzel ist für mich angenehm; wenn ich es sehe, reizt es mich, das Schnitzel zu essen. Ich muss es aber besitzen, um es verspeisen zu können. Eine Blume dagegen ist schön. Ich muss die Blumen nicht besitzen, um die Schönheit der Blumen genießen zu können. Ganz ohne Interesse, die Blume besitzen zu wollen, habe ich ein Wohlgefallen an der Blume. Ich nehme sie wahr und verspüre in mir, dass ich die Form der Blume als harmonisch empfinde. Diese harmonische Empfindung kommt nach Kant durch ein freies Zusammenspiel von Einbildungskraft und Verstand zustande.
Zuletzt sei eine Kritik von Böhme an Kant erwähnt: Schönheit ist nicht nur das subjektive Gefühl des Betrachters. Schönheit ist ein Ereignis zwischen Subjekt und Objekt. Schönheit ist etwas Atmosphärisches. Gerade das kann man beim Gottesdienst gut nachvollziehen.

33 Deleuze, G.: Kants kritische Philosophie, Berlin 1990, S. 105.

3. Ein Gottesdienst soll schön, nicht aber angenehm sein!

3.1. Ein Gottesdienst soll schön, nicht aber angenehm sein!

Jeder von uns hat sicherlich schon erlebt, dass er einen Gottesdienst als schön empfunden hat. Das freie Zusammenspiel von Einbildungskraft und Verstand kann also nicht nur beim Anblick einer Blume hervorgerufen werden, sondern auch durch das Erlebnis eines Gottesdienstes. Gerade für unser Thema ist es wichtig und wertvoll, Böhmes Kritik an Kant aufzugreifen: "Wir haben nämlich damit Schönheit weder dem Objekt noch dem Subjekt als Prädikat zugeschrieben. Schönheit ist kein Prädikat, sondern die Charakteristik einer Kopräsenz. [...] Schönheit ist danach eine Atmosphäre, eine gemeinsame Wirklichkeit von Subjekt und Objekt."[34] Seite 18 Böhme. Für viele Gottesdienstbesucher ist es unmittelbar einsichtig, dass die Schönheit eines Gottesdienstes durch die Atmosphäre getragen wird. Der Zustand eines Subjektes, etwas als schön zu empfinden, entsteht nur, wenn gelungene Interaktionen stattfinden; Interaktionen zwischen Gottesdienstbesucher und Ausführende, aber auch zwischen den Menschen und dem Kirchenraum usw.

Trotzdem bleibt bestehen, dass wir aus dem Erleben des freien Zusammenspieles von Einbildungskraft und Verstand, das ohne Begriffe auskommt, zu dem Urteil kommen, dass ein Gottesdienst schön ist. Das Zusammenspiel der verschiedenen Elemente, angefangen bei der Gesamtkomposition des Kirchenraumes bis hin zu einer ausgewogenen Gestaltung des Gottesdienstes selbst, ist für uns unmittelbar eindrücklich.

All das hat aber einen theologischen Sinn, auf den die philosophische Beschreibung des Schönen uns hinweisen kann. "Der Mensch ist geschaffen dazu hin, Gott unseren Herrn zu loben, ihm Ehrfurcht zu erweisen und zu dienen, und damit seine Seele zu retten."[35] Nehmen wir dieses Wort des Heiligen als Richtschnur, dann ergibt sich für die Liturgie, dass sie in diese Lebenshaltung hineinführen soll: sie soll uns wegführen aus unserem Kreisen um uns selbst, aus unserer Ichbezogenheit, und uns immer mehr einführen in eine Gottbezogenheit. Wenn ein Gottesdienst schön statt angenehm ist, dann ist der erste Schritt für diese Wandlung schon geschehen. Der Reiz eines Gegenstandes, der in mir die Empfindung einer Begierde nach den Gegenstand hervorruft oder der das Gedankenkarussell des Planens antreibt, wirft mich zurück auf meine Ichbezogenheit. Nur das Ausbleiben bzw. die deutliche Reduzierung solcher Reize eröffnet mir den Raum, das Geschehen "Gottesdienst" interesselos - im Sinne von Kant -, und das heißt letztlich mit einer Haltung der Offenheit und Aufmerksamkeit zu erleben. Dann nehme ich das Ereignis wahr, ohne einen Nutzen für mich herausholen zu wollen. Vielmehr richte ich meine Aufmerksamkeit auf das Geschehen selbst, auf die Gegenwart, auf das Hier-Dasein; und das

---

34 Böhme, G.: Kants Kritik der Urteilskraft in neuer Sicht, Frankfurt 1999, S. 18.

35 Ignatius von Loyola: Geistliche Übungen, Übertragung A. Haas, Freiburg 1966, Nr. 23, S. 35.

heißt aus der Sicht des Glaubens: Aufmerksamkeit auf die Gegenwart Gottes, Dienst an Gott, indem ich hier vor ihm da bin.

Kant ging davon aus, dass das Geschmacksurteil "x ist schön" kulturübergreifend und allgemein ist. Bei einigen wenigen Beispielen, die hauptsächlich die Natur betreffen, können wir ihm zustimmen. Sicherlich viele Menschen auf der Erde werden dem Satz zustimmen "diese Rose ist schön." Aber die Pluralität der Kulturen, die uns heute offensichtlicher ist als Kant in seiner Zeit, zwingt uns dazu, auch in gewissem Maße Einbildungskraft und Verstand - und damit auch ihr freies Zusammenspiel - kulturell gefärbt anzusehen. Auch wenn wesentliche Elemente, Formen und Zusammenhänge des katholischen Gottesdienstes auf der ganzen Welt gleich bleiben (sollen), so ist es nur gut und recht, dass ein Gottesdienst in Deutschland eine andere Atmosphäre verströmt als einer in Asien oder Afrika. Verschiedene Musikstile, verschiedene Temperamente verschiedene Kleidervorstellungen usw. können dies bewirken. Die These "ein Gottesdienst soll in der Lebenswelt der Gottesdienstteilnehmer verwurzelt sein" folgt also nicht aus der Philosophie von Kant sondern vielmehr aus einer berechtigten Kritik an dieser.

3.2. Der Bezug zur Lebenswelt

Viel stärker lässt sich aber diese These theologisch begründen. Denn letztlich erhält das Anliegen, den Gottesdienst in die Lebenswelt der Gottesdienstteilnehmer zu verwurzeln, seine Berechtigung in der Inkarnation. Wenn Gott ganz konkret Mensch wird - ein Jude in Israel zur Zeit der römischen Herrschaft, dann geschieht Nachfolge Jesu Christi und das Entdecken der Gegenwart und Macht Gottes in der Geschichte in der jeweils eigenen Lebenswelt. Die Verwurzelung in die Lebenswelt muss inhaltlich geschehen: Fragen und Zeichen der Zeit der Gottesdienstgemeinde dürfen und sollen aufgegriffen werden. Der Bezug zur Lebenswelt muss ebenso sprachlich geschehen. Deswegen gibt es zum Beispiel Kinderhochgebete. Und der Bezug zur Lebenswelt muss auch auf der Ebene der Empfindungen vorhanden sein. Bei einer Firmung von Jugendlichen sollte eine Jugendband und nicht (durchgehend) die Orgel die Musikbegleitung übernehmen.

Der Bezug zur Lebenswelt widerspricht nicht der Forderung, dass ein Gottesdienst nicht angenehm sein soll. Diese zwei Forderungen müssen klar getrennt werden. Das wird aber häufig nicht getan. Wenn zum Beispiel für Jugendliche und heutige moderne Menschen ein interessanter Gottesdienst gefordert wird, weiß man häufig nicht, ob dahinter das berechtigte Anliegen steht, einen Bezug zur Lebenswelt herzustellen, oder ob man den Gottesdienst reizvoll und angenehm haben möchte. Unterscheidung der Geister ist hier vonnöten. Das eine gilt es zu fordern, das andere aufgrund des Wesens des Gottesdienstes abzulehnen.

Wenn im Gottesdienst ein Bezug zum Leben der Teilnehmer hergestellt wird, dann ist eine wichtige Bedingung erfüllt, dass die Gottesdienstbesucher diesen Gottesdienst als schön empfinden können. Denn unser Verstand sucht Zusammenhänge. Und da wir in unserem

Gottesdienstbesuch unsere lebensweltlichen Bezüge mitnehmen, wird unser Verstand auch nach Zusammenhänge zwischen Gottesdienst und eigener Lebenswelt suchen. Nur wenn er diese findet, wird er in ein harmonisches Zusammenspiel mit der Einbildungskraft eintreten. Dann kann der Gottesdienst "genossen" werden.
Dies ist besonders wichtig für einen schönen Gottesdienst, der Kinder oder Jugendliche ansprechen soll. Denn um zum Beispiel das Wort Gottes überhaupt aufnehmen zu können, ist es wertvoll, dass ich von meinem eigenen Leben ausgehend einen Verständnishorizont als fruchtbaren Boden für das Wort Gottes mitbringe. Dies kann sowohl im Eröffnungsteil als auch anstelle einer Lesung geschehen. Das kann zum Beispiel ein Gespräch zwischen Jugendlichen sein (siehe z.B. den Gottesdienst über Entscheidung oder den Gottesdienst über Gesprächstipps), das kann eine Bildmeditation sein, die bekannte Sehnsüchte weckt, oder auch eine bekannte Geschichte wie Ronja Räubertochter; es kann eine Geschichte sein, die den Alltag aufgreift (Szenen in einem Bäckerladen, siehe "Weißer Sonntag zum Thema Erkennungszeichen Brotbrechen") oder es kann auch ein Gespräch zwischen einem Schüler und einer Maus sein (siehe Erklärungsgottesdienst). Zur Lebenswelt gehört ja vieles: Alltagserfahrungen, Meinungen, Medien, Geschichten, Filme, Sehnsüchte, Weltprobleme, bekannte Fantasieerzählungen usw. Dadurch, dass die Lebenswelt explizit aufgegriffen wird, ergibt sich eine Stimmigkeit zwischen Glauben und Leben. Auch das wird mehr oder weniger bewusst als schön empfunden.
Aber wann ist ein konkreter Gottesdienst schön und wann ist er nur angenehm? Wie würden Sie folgende Predigt zum weißen Sonntag zum Thema Weinstock einschätzen?

Eine Predigt am weißen Sonntag zum Thema „Weinstock"

Die Erstkommunionvorbereitung hatte als Oberthema: Jesus ist der Weinstock - wir sind die Rebzweige. Der Grundgedanke der hier vorliegenden Predigt wurde aus der siebten Ansprache der "Kontemplativen Exerzitien" von Franz Jalics entnommen.[36] Am weißen Sonntag führten fünf Kinder in das Thema ein. Das Evangelium war Joh 15, 1.4-8. Darauf folgte folgende Predigt:

[Eine Stoff-Schnecke wird auf den Ambo gelegt, der Prediger selbst stellt sich in die Mitte.]
Liebe Erstkommunionkinder, liebe Eltern und Gruppenleiterinnen, liebe Verwandten, liebe Gemeinde.
Ich möchte Euch heute jemand vorstellen: Die Weinbergschnecke Cornelius. Cornelius lebte lange Zeit auf einen ganz besonderen Weinberg. Es ist der Weinberg, auf dem dieser Weinstock steht, den ihr hier vorne sieht. [Bild vom Weinstock auf einem großen Plakat. An dem

36 Jalics, F.: Kontemplative Exerzitien, Würzburg 1994, S. 260-262.

Rebzweigen Fotos von den Erstkommunionkinder.] Sie kann uns einiges erzählen über diesen Weinstock und über diese Rebzweige. Und das möchte ich euch vortragen.

[Der Prediger geht zum Ambo]

Hallo, Kinder. Ich heiße Cornelius und ich kann euch einiges über den Weinstock erzählen, der Christus selber ist, und an dem ihr die Rebzweige seid! Also die Rebzweige haben die Aufgaben, gute und saftige Weintrauben hervorzubringen. Sie müssen viel Zucker und Aromastoffe ansammeln, damit die Trauben damit wachsen können. Tag und Nacht sind die Reben mit den Früchten und Trauben beschäftigt.

Sie entwickeln Tricks, wie sie besonders große und saftige Trauben hervorbringen können.

Und sie vergleichen sich mit anderen: "Der andere Rebzweig hat schon viel größere Trauben, ich muss mich mehr anstrengen. Aber das ist ja auch gemein: Der bekommt ja viel mehr Licht." So machen sie sich ihre Sorgen und beschweren sich, dass zu wenig Regen fällt. Kennt ihr das nicht sehr gut aus der Schule, denn ich habe ja gerade über euch geredet: Ihr müßt in der Schule gute Noten schreiben. Dafür müßt ihr auch einiges lernen. Zuhause müßt ihr auch ab und zu den Eltern helfen. Da will man auch nicht zwei linke Hände haben. Und da hat die Nachbarin, der Banknachbar eine bessere Note. "Warum hat der eine bessere Note? Das ist gemein." So macht ihr euch eure Sorgen manchmal, vergleicht euch mit anderen, jammert auch ab und zu über zuviel Hausaufgaben und beschwert euch beim Lehrer.

Aber ich habe nicht nur genau beobachtet, wie die Rebzweige sich abmühen. Ich habe auch genau hören können, was der Weinstock ständig leise den Rebzweigen ins Ohr flüsterte. Hört genau hin, damit ihr es gut in Erinnerung behaltet, was Jesus der Weinstock zu den Rebzweigen sagt:

"Ich weiß, dass die Trauben wachsen müssen. Aber ihr Rebzweigen schaut alle oft so besorgt aus. Ihr habt wegen den Trauben Kummer, Angst und macht euch viele Probleme. Ihr vergleicht euch mit anderen und ärgert euch! Halt so geht das nicht! Kehrt euch um 180 Grad um! Schaut nicht ständig auf die Trauben. Verbindet euch mit mir, eurem Weinstock! Dann wird die Kraft von mir, euren Weinstock durch euch fließen und ihr werdet reiche Frucht bringen. Denn woher bekommt ihr Wasser, Nährstoffe, Mineralien und all das, was ihr zum Leben braucht. Von mir, dem Weinstock. Beschäftigt euch nicht mit euren Sorgen, mit dem Leistungsdruck und eurem Drang, sich mit anderen zu vergleichen. Sondern verbindet euch mit mir: Ihr werdet alles erhalten!"

Jetzt werdet ihr mich fragen: Wie kann ich mich mit Jesus Christus verbinden? Wie kann ich mich um 180 Grad drehen und auf Christus schauen, damit ich durch seine Kraft leben kann? Drei Tipps dazu:

1) Du kannst beten. Beten kannst du überall. Entweder ein Gebet, dass du auswendig kennst, oder du sagst ganz frei, was du Gott sagen willst. Wenn du betest, schaust du nicht mehr nur auf deine Sorgen. Sondern du wendest dich Gott, Jesus Christus zu.

2) Du kannst mit jemanden sprechen, der dich mag. In lieben Menschen kann man spüren, dass die Liebe Gottes unter uns ist. Ein schönes Gespräch mit den Eltern, mit einer guten Freundin oder Freund verbindet dich auch mit der Kraft Gottes.
3) Zuletzt aber: Wenn du die heilige Kommunion empfängst, kannst du ganz gewiß sein, dass Jesus Christus da ist, bei dir ist. Wenn du mit Aufmerksamkeit die Kommunion empfängst und danach auch Gott dafür im Gebet dankst, dann verbindest du dich mit dem Weinstock.
Nutze diese drei Tipps: Beten, Gespräch, und besonders die Kommunion. Weiterhin musst du im Leben deine Aufgaben erfüllen: In der Schule, später im Beruf und in der eigenen Familie. Aber mit diesen drei Tipps wirst du vieles mit weniger Sorgen vollbringen. Weil du weißt: Die Kraft kommt von ihm: Den Weinstock!

Die Kinder bekommen die Predigt in Kurzform als Zettel mit einem Bild von der Schnecke auf dem Weinstock:

Was die Weinbergschnecke Cornelius uns unbedingt erzählen will

Hallo, Kinder. Ich heiße Cornelius und ich kann euch einiges über den Weinstock erzählen, der Christus selber ist, und an dem ihr die Rebzweige seid!
Die Rebzweige haben die Aufgaben, gute und saftige Weintrauben hervorzubringen. Sie müssen viel Zucker und Aromastoffe ansammeln, damit die Trauben damit wachsen können. Tag und Nacht sind die Reben mit den Früchten und Trauben beschäftigt. Die Rebzweige machen sich manchmal ganz schön viel Streß mit den Trauben. Sie entwickeln Tricks, wie sie besonders große und saftige Trauben hervorbringen können. Und sie vergleichen sich mit anderen: "Der bekommt ja viel mehr Licht." So machen sie sich ihre Sorgen und beschweren sich, dass zu wenig Regen fällt.
Ich habe auch genau hören können, was der Weinstock ständig leise den Rebzweigen ins Ohr flüsterte: "Ich weiß, dass die Trauben wachsen müssen. Aber ihr Rebzweigen schaut alle oft so besorgt aus. Ihr habt wegen den Trauben Kummer, Angst und macht euch viele Probleme. Ihr vergleicht euch mit anderen und ärgert euch. Halt so geht das nicht! Kehrt euch um 180 Grad um! Schaut nicht ständig auf die Trauben! Verbindet euch mit mir, eurem Weinstock! Dann wird die Kraft von mir, euren Weinstock durch euch fließen und ihr werdet reiche Frucht bringen. Denn von mir bekommt ihr Wasser, Nährstoffe, Mineralien. Beschäftigt euch nicht mit euren Sorgen, mit dem Streß, dem Leistungsdruck und eurem Drang, sich mit anderen zu vergleichen. Verbindet euch mit mir: Ihr werdet alles erhalten, was ihr braucht!"

3.3. Wann ist ein konkreter Gottesdienst schön; wann angenehm?

Wann ist ein ganz konkreter Gottesdienst schön; wann ist ein Gottesdienst leider nur angenehm? Das ist sehr schwer im Einzelfall zu bestimmen. Hier können sicherlich die Beurteilungen auseinander gehen. Aber mir erscheint nicht die nachträgliche Beurteilung als das wesentliche. Wichtiger ist, dass die Verantwortlichen, die einen Gottesdienst vorbereiten und durchführen, um diese Differenz wissen und sich bemühen, den tieferen Grund, warum ein Gottesdienst schön sein soll, im Blick zu halten. Ein konkretes Beispiel: eine Stoffschnecke hat an sich im Gottesdienst nichts verloren. Denn es ist nur ein angenehmes Spielzeug. Im Kontext einer Predigt am weißen Sonntag zum Thema "Weinstock" trägt sie aber zu einem schönen Gesamteindruck bei. In diesem Kontext geht von ihr auch kein Reiz aus. (Kein Kind möchte im Normalfall unbedingt diese Stoffschnecke besitzen, wenn sie im Kontext jener Predigt auftaucht.) Vielmehr fungieren Cornelius, der Weinstock und die Rebzweige als ästhetische Ideen. (vgl. Kapietel 6) Die Personifizierung schafft eine schöne Anschaulichkeit. Die Beurteilung der Beispiele aus der Einführung ist dagegen eindeutig: eine schlankere Figur ist ein angenehmes Ziel, Zigaretten sind Suchtmittel. Ein Gottesdienst, der neben dem Ziel, Gott zu dienen und sich von Gott einen Dienst erweisen zu lassen, noch das "reizvolle" Ziel hat, schlanker zu werden, verdrängt das eigentliche Ziel: Gott zu dienen und sich von Gott einen Dienst erweisen zu lassen. Ebenso "verdunkelt" die Möglichkeit in einem Gottesdienst zu rauchen das eigentliche Ziel des Gottesdienstes. All das macht einen Gottesdienst nicht schön und widerspricht völlig dem Wesen des christlichen Gottesdienstes.

3.4. Die subjektive und die objektive Seite der Schönheit eines Gottesdienstes

Wenn Schönheit etwas Atmosphärisches ist, das sich in der Relation zwischen Subjekt und Objekt entfaltet, dann hat ein schöner Gottesdienst eine subjektive und eine objektive Seite. Ein Gottesdienst kann zum Beispiel von den Verantwortlichen so gestaltet sein, dass durchaus die Möglichkeit bestand, dass dieser Gottesdienst ein schönes Erlebnis sein könnte. Aber die Gottesdienstbesucher haben mit einer falschen Haltung diesen Gottesdienst aufgenommen und ihn deswegen nicht als schön empfunden. Wer z.B. etwas Angenehmes im Gottesdienst sucht, kann von einem schönen Gottesdienst enttäuscht werden. Ebenso ist es durchaus möglich, dass ein Gottesdienst in seinem Ablauf nicht harmonisch und gut verlief und trotzdem von Gottesdienstbesuchern als schön erlebt wurde; vielleicht gerade deswegen, weil sie eine bestimmte Haltung zum Gottesdienst einnahmen.

3.5. Die Erfahrung des Schönen im Gottesdienst selbst zum Thema machen

Es erscheint mir als wertvoll, die Erfahrung des Schönen auch ab und zu zum Thema im Gottesdienst zu machen. Gerade der Erntedankgottesdienst gibt uns die Möglichkeit, das Staunen über die Schönheit der Natur, über die Größe der Schöpfung Gottes im Gottesdienst anzusprechen und in gewisser Weise "einzuüben". Der folgende Gottesdienst widmet sich diesem Anliegen.

Erntedankgottesdienst zum Thema "Staune und Danke"

Das Evangelium vom 26. Sonntag im Lesejahr B ist wahrlich ein "harter Brocken". Sollte man darüber eine Familiengottesdienst machen? Oder sucht man sich gleich ein angenehmeres Evangelium? Mit diesem Beispiel möchte ich einladen, sich auch schwierigen Evangeliumstexten zu stellen. Dies kann ohne weiteres zu einer gesunden Herausforderung werden. "Harte Worte" müssen eben in Gottesdienst selbst kindgerecht interpretiert werden.
Es beginnt mit einem großen Einzug mit Kindern, die verschiedene Gegenstände nach vorne bringen. Einerseits bringen sie Gaben der Natur: Schale Erde, Schale Wasser, Blumen, Zweige, Getreideähren, Obst, Gemüse. Andererseits bringen sie moderne Gegenständen mit nach vorne: Fernseher aus Pappe, Zeitung, Handy, Videokassette, Lerncomputer, Süßigkeiten. Alle Gegenstände werden vermischt auf einen Tisch, der im Altarraum steht, gestellt. Mit einer Geschichte und einer Predigt soll deutlich werden, wie Staunen und Danken für die Gaben der Schöpfung Gottes heutzutage geschehen kann. Dass dabei ein gewisses Loslassen notwendig ist, wird auch durch das Beispiel des Heiligen Franziskus deutlich. Die Schönheit der Schöpfung Gottes wird nur erfahrbar, wenn ich auch einmal von meiner Ich-Fixierung loslassen kann.

Hinführende Geschichte vor dem Kyrie:
Bei Familie Meier fällt die Zivilisation zusammen
[Dabei können Kinder, während die Geschichte erzählt wird, die Dinge, die während der Geschichte "wegfallen", vom Tisch nehmen und zur Seite legen; am Schluß liegen nur noch Gaben der Schöpfung auf den Tisch.]
Eigentlich sollte es ein ganz normaler Samstag werden: Papa würde dann in der Frühe seine Zeitung holen und gleich mit dem Lesen beginnen. Beim Frühstück würde Mama ihn regelmäßig auffordern, die Zeitung wegzulegen und sich mal mit den Kindern zu unterhalten. Um 10.00 würde Sandra mit ihrer Freundin telefonieren - natürlich mit ihrem neuen Handy - denn mit dem kann sie herumlaufen und ist überall erreichbar. Ab 14.00 würde Felix vor dem Fernseher hocken und sich entweder einen Videofilm anschauen oder eine Serie im Fernsehen.
Aber an diesem Samstag lag keine Zeitung im Briefkasten. Vater rief sofort mit dem Telefon die Zeitung an - aber das Telefon war tot. "Sandra - aufstehen. Ich brauche dein Handy." "Oh so früh." Sie schleppt sich aus dem Bett und beim Heruntergehen fällt sie über den Wäschekorb - sie verletzt sich zum Glück nicht; aber das Handy fällt aus der Hand und - zerbricht. "Oh nein, so ein Mist." Etwas später sitzen alle etwas trübsinnig beim Frühstückstisch. "Jetzt kann ich keine Freundin anrufen" klagt Sandra. "Dann schau doch mit mir den neuen Videofilm" - "Wenn der Fernseher nicht auch noch kaputt ist." Sofort müssen beide nachschauen.
Da macht es plötzlich kling - und das Licht geht aus. "Jetzt könnt ihr auch nicht mehr Fernsehen," sagt Papa "das ist ein Stromausfall." "Was machen wir dann mit dem Tag heute: Keinen Strom,

kein Telefon, kein Fernseher, keine Zeitung." Mutter schmunzelt. "Wir könnten eine Radtour ins Grüne machen." Erst war die Begeisterung nicht sehr groß. Als sie aber bei einem wunderschönen Herbstwetter durch den Wald in der Nähe ihres Hauses fuhren, da ging bei allen vieren das Herz auf: Sie staunten und genossen die Natur. Um 12 Uhr machten sie Halt und entdeckten einen Apfelbaum. Sie pflügten sie und aßen die frischen Äpfel. Die Tüte Süßigkeiten vergaßen sie. Da sagt Papa: "Mensch, wir können direkt froh sein, dass uns das alles heute passiert ist. Jetzt sind wir in Gottes Natur - staunen und genießen diese Wunder der Schöpfung. Wir können uns richtig gut unterhalten. Wir können richtig dankbar sein für diesen Tag."

Kyrierufe:

Herr Jesus Christus, oft beschäftigen wir uns zuviel mit Geräten und übersehen dabei unsere Mitmenschen, erbarme dich unser.

Herr Jesus Christus, oft ist es uns wichtiger, stundenlang vor dem Fernseher zu sitzen, als die Schöpfung zu bewundern und zu genießen, erbarme dich unser.

Herr Jesus Christus, oft finden wir genug Tätigkeiten und Ausreden, da wir angeblich nicht dazukommen, mal an Dich zu denken und zu beten, erbarme dich unser.

Lesung:

Franziskus legt alles weg, was ihn an seiner Gottessuche hindert

Ich möchte euch ein bisschen von dem Leben des heiligen Franziskus erzählen. Er lebte im Mittelalter vor fast 900 Jahren in Italien, in der Stadt Assissi. Er war Sohn eines reichen Kaufmanns. Er genoß diesen Reichtum und lebte einfach so vor sich hin. Aber da passierte ein Wandel mit ihm. Durch Worte aus der Bibel änderte er sein Leben. Er verließ das Elternhaus und wollte nichts mehr von dem Reichtum seines Vaters besitzen und gebrauchen. Denn er merkte: So vieles kann mich ablenken bei meiner Suche nach Gott! Er fand dann auch Gott, besonders in den Armen und Kranken und - in der Natur. Viele Männer und Frauen ließen sich von seinem Weg, Gott zu suchen, begeistern - und so entstand der Orden der Franziskaner.

Evangelium: Markus 9,38 - 48

Predigt:

Ihr könnt Euch sicher noch an die Familie Meier erinnern. All die technischen Geräte fallen auf einmal aus, sogar die Zeitung kommt nicht.

Für uns alle wäre das eine ungewohnte Situation. Die Meiers machen das Beste daraus: Eine Fahrradtour ins Grüne. Und eine Ernteaktion an einem Apfelbaum.

Und das ist das Wichtigste an der Geschichte: Für sie wird es ein wunderschöner Tag; gerade weil viele dieser technischen Geräte ausgefallen sind. Franziskus, der große Heilige, lebte auch so, wie

die Familie Meier an diesem Samstag. Aber er, Franziskus, verzichtet freiwillig auf Reichtum, Wohlstand, technische Geräte usw. Er entscheidet sich ganz bewußt gegen zuviel Reichtum, weil er merkt, dass ihn das von seiner Suche nach Gott abbringt.
Und jetzt komm ich zum Evangelium: Vielleicht habt Ihr Euch darüber schon gewundert. Das klingt alles sehr brutal. "Wenn dich deine Hand zum Bösen verführt, dann hau sie ab." Klar ist: das kann Jesus nicht wörtlich meinen. Die Apostel sind ja auch nicht einarmig durch die Welt gelaufen. Jesus meint genau das, was Franziskus getan hat, und was der Familie Meier zufällig zustieß:
Wir sollen überlegen: Was gibt es in meinem Leben, was mich hindert, Gott zu suchen und Gutes zu tun.
Einige Beispiele haben wir mit der Geschichte der Familie Meier aufzeigen wollen. Beispiel Fernseher: Ich will den Fernseher nicht als grundsätzlich schädlich bezeichnen; ich schaue auch ganz gerne. Aber wer zuviel Fernseher schaut, verschwendet wertvolle Zeit, in der er mit Freunden spielen könnte, mit seinen Eltern reden könnte, ein Buch lesen könnte, in die Natur hinaus gehen könnte und beten könnte.
Diese drei Bereiche, das zeigt uns Franziskus ganz deutlich, bringen uns weiter in der Suche zu Gott: Natur, mit Menschen reden und zuhören, beten. Damit wir diese drei Bereiche wirklich entdecken können, müssen wir verzichten lernen: Mal weniger fernsehen, mal die Zeitung am Frühstückstisch weglegen etc.
Erst wenn wir das tun, kommen wir zu dem, was wir heute feiern: Die Familie Meier fing erst bei ihrer Radtour an, über die Natur zu staunen. Und erst wenn ich in der Natur bin und staune, kann ich auch aus ganzem Herzen Gott für die Ernte dieses Jahres danken
Lege weg, was dich hindert, Gott zu suchen; dann staune und danke! Das wollen wir jetzt mit diesem Erntedankgottesdienst beginnen.

3.6. Das Erlebnis von Beziehungen schafft Atmosphäre

Ein Priester aus Afrika sagte im Gottesdienst einer deutschen Pfarrei: Die Deutschen seien so steif. Die Leute würden ständig ins Blatt schauen, wenn sie sängen. Dann sei kein Augenkontakt zwischen ihm und den Gottesdienstbesuchern möglich. Man könne sich dann auch nicht gegenseitig mit Begeisterung im Singen anstiften.

Noch schlimmer sind Priester, die das Ritual abspulen, ohne irgendeine Notiz von der mitfeiernden Gemeinde zu nehmen. Beziehungsaufnahme muss natürlich von beiden Seiten kommen. Trotzdem prägt der Liturge wesentlich die Atmosphäre.

Beziehungen im Gottesdienst können auf vielerlei Weise hergestellt werden. Aber es gibt einige ganz grundsätzliche Voraussetzungen für das Erlebnis von Beziehungen im Gottesdienst. Leute anschauen ist das Allererste! Gerade beim Friedensgruß und bei der Kommunionausteilung empfinde ich es manchmal fast als eine Abweisung, wenn mich der Liturge nicht anschaut. Ebenso ist bei der Predigt der Blickkontakt wichtig. Wenn ich erlebe, dass mich die Zuhörer interessiert anschauen, dann kann sich meine Predigt organisch und dynamisch entwickeln. Aber um dies feststellen zu können, muss ich natürlich selbst meinen Blick auf die Zuhörer richten.

Ebenso förderlich für die Atmosphäre und für die Beziehungsaufnahme ist das Lächeln. Man sollte natürlich ein gekünsteltes Mundverziehen vermeiden. Es geht vielmehr - wie die Chinesen sagen - um ein inneres Lächeln. Dieses innere Lächeln ist gleichzusetzen mit einer inneren Haltung, in der ich mich so annehme, wie ich bin. Und diese innere Haltung strahlt aus und bewirkt eine gute Atmosphäre.

Weiterhin gehört es zu einer guten Atmosphäre dazu, flexibel zu sein. Nicht alles läuft im Gottesdienst immer genau nach Plan. In diesen Momenten zeigt sich, ob der Liturge in ruhiger Weise flexibel sein kann, möglicherweise die "Störung" liebevoll einbinden kann und trotzdem nicht seinen roten Faden aus dem Auge verliert.

Zuletzt entstehen positive Beziehungen im Ereignis des Gottesdienstes, wenn viele aktiv eingebunden sind. Viele Ministranten, verschiedene Lektoren und Kommunionhelfer, Kinder, die in irgendeiner Weise beteiligt werden, ein Chor oder eine Musikgruppe - all diese Ehrenamtlichen machen sichtbar, dass in der Pfarrei "themenzentrierte (= Thema Gottesdienst,...) Interaktion" stattfindet.

Ein Familiengottesdienst, der den Gottesdienst erklärt

Der Gottesdienstablauf ist in seiner inneren Logik keine Selbstverständlichkeit. Gleich einer Symphonie eines großen Meisters kann man den Gottesdienst als Teilnehmer einfach auf sich wirken lassen. Aber genauso wie es manchmal ratsam ist, sich einige Erläuterungen zum Aufbau und Eigenheiten einer Symphonie durchzulesen, um den Genuß durch dieses Hintergrundwissen zu erhöhen, äußern viele Gottesdienstbesucher den Wunsch, dass sie gerne ab und zu einige Erläuterungen zum Gottesdienstaufbau hören würden.

Der folgende Entwurf eines Familiengottesdienstes fügt in den normalen Ablauf vier Erklärungsblöcke hinein. Der Schüler Felix fragt die Kirchenmaus Elmar (Alternative: ein kleinerer Ministrant fragt einen größeren) nach dem Ablauf und den Bedeutungen der einzelnen Teile. Diese Erklärungen kann man auch in einem Ministranteneinführungsgottesdienst einsetzen. Sowohl Kinder als auch Erwachsene sollen angesprochen werden. Deswegen werden einerseits ganz grundlegende Dinge thematisiert, wie das Läuten am Anfang. Die Empfindungen von Kindern werden angesprochen, wie das unbequeme Knien. Andererseits wird in einfacher Sprache der tiefere Sinngehalt des Gottesdienstes umrissen, wie die innere Logik des Hochgebets. Der Erklärungstext zum Hochgebet bezieht sich direkt auf das erste Kinderhochgebet. Dieses sollte man unbedingt bei diesem Erklärungsgottesdienst verwenden.

1. Gespräch: Nach der Begrüßung

Felix: Du hast mir gesagt, dass ich Dich heute fragen kann, was eigentlich in den verschiedenen Teilen des Gottesdienstes passiert.

Elmar: Ja, das habe ich Dir versprochen. Was ist Deine erste Frage?

Felix: Warum ertönt am Anfang eine Klingel, wenn die Ministranten und der Pfarrer herausgehen?

Elmar: Damit man weiß, wann der Gottesdienst richtig anfängt. Es ist immer gut, wenn man weiß, jetzt fängt es an. - Jetzt habe ich an Dich eine Frage: Weißt du warum der Pfarrer und die Ministranten gleich eine Kniebeuge machen?

Felix: Sie machen eine Kniebeuge vor dem Altar, oder? - Besser gesagt sie machen eine Kniebeuge vor dem Leib Christi!

Elmar: Stimmt, die Hostien von den letzten Gottesdiensten sind in dem Tabernakel und davor machen sie eine Kniebeuge. Damit zeigen sie: Gott erweisen wir die höchste Ehre.

Felix: Und was kommt jetzt?

Elmar: Am Anfang jedes Gottesdienstes sagt der Pfarrer, in welchen Namen wir Gottesdienst feiern:

Felix: - im Namen Gottes, im Namen des Vaters, des Sohnes und des Heiligen Geistes.

Elmar: Genau. Bei den meisten Gottesdiensten bekennen wir dann unsere Schuld mit dem Schuldbekenntnis.
Felix: - das kenne ich: Ich bekenne Gott, dem Allmächtigen usw.
Elmar: Stimmt. Einerseits sind wir erlöst und wissen, Gott liebt uns, so wie wir sind. Andererseits wissen wir: Wir haben alle unsere Schwächen, Fehler und Schulden. Und es gut, das am Anfang Gott zu sagen. Und danach loben wir Gott mit dem Gloria.

2. Gespräch: Vor dem Evangelium
Felix: Ich weiß sehr gut, was jetzt kommt.
Elmar: Dann erzähl mal!
Felix: Gerade war die Lesung. Jetzt kommt das Evangelium: Das ist immer eine Geschichte aus dem Leben Jesu. Dann kommt die Predigt: Der Pfarrer erklärt uns die Geschichte mit Jesus. Danach kommt das Glaubensbekenntnis, in dem wir unseren Glauben bekennen, und zuletzt sind die Fürbitten dran. Ich glaube, man hat sich einiges dabei gedacht, warum man diese vier Teile so zusammenstellte. Kannst du mir das erklären.
Elmar: Das ist wie Einatmen und Ausatmen. Atme mal ganz bewußt (Felix atmet ein und aus). Mit dem Einatmen nehmen wir Luft auf, mit dem Ausatmen geben wir die Luft zurück. Und jetzt zum Gottesdienst: Im Evangelium hören wir eine Geschichte von Jesus. Genauso wie wir beim Einatmen Luft aufnehmen, nehmen wir beim Zuhören die Geschichte mit Jesus, das Wort Gottes, auf. In der Predigt ist Zeit, das Gehörte zu verarbeiten. Das machen wir nach dem Einatmen auch: Wir verarbeiten die Luft. Mit dem Glaubensbekenntnis und den Fürbitten antworten wir auf das gehörte Evangelium. Wie beim Ausatmen geben wir etwas zurück: Wir bekennen im Glaubensbekenntnis, dass Gott unser Gott ist. Und in den Fürbitten bringen wir unsere Bitten vor Gott.
Felix: Evangelium und Predigt sind wie Einatmen - man hört zu. Glaubensbekenntnis und Fürbitten sind wie Ausatmen - wir sagen etwas, wir antworten.
Elmar: Genau. Heute entfällt die Predigt und stattdessen halten wir eine Zeit der Stille. In der kannst Du nachdenken, was das Evangelium für Dich, für uns heute bedeutet.
[Und noch etwas ist heute anders. Weißt Du es?
Felix: Ja, wir jungen Ministrantinnen und Ministranten werden in unseren Dienst eingeführt und in die Gruppe der Ministranten aufgenommen.
Elmar: Genau. Der Pfarrer segnet die Umhängekreuze und ein älterer Ministrant legt sie euch um den Hals. Ich hoffe, Du freust Dich darauf.
Felix: Natürlich.]

3. Gespräch: Vor dem Hochgebet
Felix: Jetzt haben die Ministranten Brot und Wein zum Altar gebracht. Ich glaube, jetzt kommt ein sehr langes Gebet. Muss man sich nicht bei diesem langen Gebet hinknien?

Elmar: Das lange Knien gefällt Dir nicht, oder?
Felix: Wenn ich ehrlich sein darf: Nein.
Elmar: Am Anfang haben meine Knie auch sehr geschmerzt. Aber man gewöhnt sich daran. Heute macht es mir nichts mehr aus.
Felix: Irgendwann erzählt der Pfarrer von dem Abend vor Karfreitag. An diesem Abend hat Jesus sein letztes Mahl mit seinen Jüngern gefeiert. Und zum Brot, das er herumreichte, sagte er: Das ist mein Leib. Tut dies zu meinem Gedächtnis. Kommt das jetzt gleich?
Elmar: Das dauert noch etwas. Also gehen wir der Reihe nach: Das lange Gebet, das jetzt kommt, heißt Hochgebet. Es fängt immer ganz feierlich an. Der Pfarrer ruft uns zu: Der Herr sei mit euch! Erhebet die Herzen! Lasset uns danken dem Herrn, unsern Gott! Bei solch einer feierlichen Aufforderung, Gott zu loben, muss man einfach aufstehen und kann nicht sitzenbleiben.
Felix: Und dann fängt der Pfarrer zu beten an...
Elmar: Genau. Im folgenden Gebet, das der Priester zum größten Teil spricht, sollen wir uns ganz Gott zuwenden. Wir schauen nicht auf uns, sondern wollen Gott loben, danken und preisen. Dieses Loben ist ganz wichtig: So häufig achten wir nur auf unsere Sorgen, Probleme und Wünsche. Dadurch werden wir engstirnig und kreisen um uns selbst. Wenn wir aber jetzt im Hochgebet mit dem Pfarrer zusammen Gott loben, dann wird unser Herz wieder weiter.
Felix: Für was danken wir in diesem Gebet?
Elmar: Wir loben und danken Gott für das, was er getan hat. Deswegen erzählt der Priester in diesem Gebet erst von den Werken, die Gott gemacht: Die Sonne, die Sterne, die Erde, die Menschen und das Leben überhaupt.
Felix: Und wir können Gott danken, dass Jesus Christus gelebt hat.
Elmar: Genau, deswegen erzählt dann der Pfarrer das Wichtigste aus dem Leben Jesu und dankt Gott dafür. Z. B. dass Jesus Kranke geheilt hat und Freund der Armen war.
Felix: Wenn ich jetzt mitbete, lobe ich Gott und ich erinnere mich an Jesus und sein Leben.
Elmar: Und der Höhepunkt bei diesem Erinnern ist dann der Bericht vom letzten Abendmahl. Das hast du ja schon erzählt. Jesus gab damals den Auftrag ...
Felix: Tut dies zu meinem Gedächtnis!
Elmar: Und das machen wir jetzt. Wir erinnern uns nicht nur, wir feiern auch zusammen jetzt ein Mahl. Und weil Jesus gesagt hat: Wenn zwei oder drei in meinem Namen versammelt sind, da bin ich mitten unter euch!, können wir gewiß sein: Jesus Christus ist jetzt da und er wird uns offensichtlich in Brot und Wein.

4. Gespräch: Vor dem Vater unser, nach dem Hochgebet
Elmar: Weißt Du auch, was jetzt folgt?
Felix: Wir haben noch gar nicht das Vater unser gebetet. Die Kommunionausteilung und der Segen fehlt noch. Und ... ach ja, der Friedensgruß muss auch noch kommen.

Elmar: Du bist gut.
Felix: Weißt Du was ich sehr wichtig finde?
Elmar: Nein.
Felix: Dass man das Vater unser ganz bewußt betet. Immerhin ist es das Gebet, das Jesus uns geschenkt hat.
Elmar: Da stimme ich Dir zu. Mir ist auch der Friedensgruß wichtig: Er ist eine schöne Geste. Wenn ich mich mit meinen Eltern verkracht habe, ist der Friedensgruß für mich eine Chance, mich mit ihnen zu versöhnen. Außerdem wünscht man dabei auch fremden Menschen den Frieden.
Felix: Und dann kommt die Kommunionausteilung.
Elmar: Die Kommunionausteilung ist sogar ein doppeltes Zeichen.
Felix: Das verstehe ich nicht. Rede einfacher.
Elmar: Wenn wir alle den Leib Christi empfangen, dann wird uns einerseits klar, dass wir Gemeinschaft mit Gott haben - andererseits auch Gemeinschaft untereinander.
Felix: Das gemeinsame Essen meint: Wir gehören zusammen und wir gehören zu Gott.
Elmar: In diesem wirklichen Zeichen spüren wir, Gott liebt uns und ebenso sollen wir einander lieben. Dann erfüllen wir die Gottesliebe.
Felix: Und dann kommt der Segen und der Gottesdienst ist aus.
Elmar: Eigentlich hört der Gottesdienst nach dem Schluß nicht auf.
Felix: Wie meinst Du das denn? Wenn Schluß ist, ist doch Schluß.
Elmar: Wenn Du nach dem Gottesdienst heimgehst, sollst du als Christ weiterleben: Das heißt: Dich von Gottes Liebe beschenken lassen und sie an Deine Mitmenschen weitergeben. Genau das, was wir mit Friedensgruß und Kommunionausteilung ausgedrückt haben.
Felix: Gottesdienst ist also auch, wenn ich anderen helfe oder anderen gut zuhöre oder andere tröste?
Elmar: Aber ganz bestimmt! Es ist das Entscheidende. Und jetzt beten wir um die Kraft dafür im Vater unser.

4. Die Schönheit der "Komposition" katholischer Gottesdienst

Warum wird von viele Menschen der katholische Gottesdienst als schön empfunden? Die Form, die Komposition des katholischen Gottesdienstes muss dafür die Ursache sein.

4.1. Wortgottesdienst

Betrachten wir zuerst den Wortgottesdienst. Die Liturgiewissenschaft hat hier zwei Grundpole, zwei Grundbewegungen herausgearbeitet. Die erste nennt sie katabatisch-soterisch: Gott teilt sich selbst mit und schenkt uns damit seine Gnade, er tritt mit uns in Beziehung und schenkt uns Heil. Im Wortgottesdienst geschieht das durch das Hören des Wortes Gottes aus der Heiligen Schrift. Weil sich das Wort Gottes in der Heiligen Schrift in einer unvergleichlichen Weise verdichtet, muss in jedem Gottesdienst ein Text aus der Heiligen Schriften an zentraler Stellung stehen. Die zweite Bewegung wird anabatisch-kultisch genannt: die feiernde Gemeinde verherrlicht in ihrem liturgischen Tun Gott. Sie lobt, dankt und preist ihn und antwortet mit diesem Tun auf das heiligende Handeln Gottes.[37]

Aber warum empfinden wir diese Polarität als schön? Werfen wir einen Blick auf das Gespräch zwischen Felix und Elmar. Hier wird diese Polarität mit Einatmen und Ausatmen verglichen. Dieses Beispiel sollte man nicht als einen rein äußerlichen Vergleich ansehen. Denn das Atmen - sehen wir es mal bewusst schöpfungstheologisch - ist ein lebenswichtiger Prozess, in dem wir durch das Einatmen frische Luft, Sauerstoff, ja Lebensenergie aufnehmen. (vgl. Qi Gong: mit Atmen nehmen wir Qi, Lebensenergie auf.) Aber all das sind ja Gaben Gottes, die wir durch die Schöpfung empfangen. Wir halten danach kurz inne und verarbeiten den Sauerstoff. Wir geben verbrauchte Luft ab, die aber gleichzeitig für Pflanzen wertvoll ist, um Fotosynthese durchführen zu können. Gleichzeitig bekommen wir mit dem verarbeiteten Sauerstoff die Möglichkeit zu leben, zu denken, zu reden und zu handeln. Wir versuchen mit den Gaben Gottes zu wuchern. Einatmen und Ausatmen ist damit eindeutig unser menschlich natürlicher Lebensrhythmus und gleichzeitig ein sich unbewusstes Einbetten in die Güte Gottes. Wenn die Liturgie dieselbe Dynamik, dieselbe Grundpolarität aufweist wie dieser Lebensrhythmus, dann schwingt sie sich harmonisch in unser Empfindungsvermögen ein. Und gleichzeitig ist diese Polarität auch in sich, in ihrer eigenen Form eine Harmonie: die Harmonie zwischen Aufnehmen und Antworten. Es ist ein Gleichgewicht, das sich in das Gleichgewicht des menschlichen Lebens selbst einfügt: Einatmen und Ausatmen. Nur allzu verständlich, dass wir das als schön empfinden.

Daraus lässt sich aber auch ein Anspruch ableiten: der konkrete Ablauf eines Gottesdienstes muss diese Grundpolarität spürbar machen können. Genauso wie wir nach dem Einatmen eine kleine, wenn auch minimale Pause machen, so ist es wertvoll und wichtig, nach dem Evangelium oder

37 Vgl. z. B. Gerhards, A.: Das Wort, das zum Ereignis wird, in: BuL 64, 1991, S. 135-140.

nach der Predigt einen Moment der Stille zu haben. Damit bei Familiengottesdiensten diese Struktur von den Teilnehmenden wenigstens ansatzweise gespürt werden kann (das Begreifen mit Verstand ist ja hier nicht notwendig), ist es häufig ein Gewinn, wenn nur ein biblischer Text, das Evangelium, vorgetragen wird. Das Hören und das Aufnehmen des Wortes Gottes kann hier dann ganz bewusst gestaltet und eingeleitet werden.

4.2. Eucharistiefeier

Bevor wir versuchen nachzuweisen, warum die Komposition des Hochgebetes schön genannt werden kann, wollen wir uns ein Verständnis der inneren Logik des Hochgebetes erarbeiten anhand der Überlegungen des Liturgen Meyer. Er unterscheidet zwischen der Sinngestalt und Feiergestalt. Die Sinngestalt ist die formale Dynamik, die der Feier ihren Sinn gibt. Sie stellt die innere Logik des Ablaufes und die theologische Bedeutung der einzelnen Elemente in der Eucharistie dar. Sie ist die formale konstitutive Struktur. Die Feiergestalt ist dagegen der materialer Ausdruck der Sinngestalt. Dazu gehören die konkreten Zeichenhandlungen (Worte und Gesten, Ordnung der Teile). Beides hängt eng miteinander und darf nicht getrennt werden. Sinngestalt ist also nicht der reine Inhalt und die Feiergestalt nicht nur die Verpackung. Die Sinngestalt lässt sich nur an der Feier selbst ablesen.

Es gibt nach Meyer fünf wesentliche Aspekte der Sinngestalt der Eucharistiefeier:

1. Die Zeichenhandlung ist ein Realsymbol: Es bewirkt, was es bezeichnet. In der Eucharistiefeier wird uns zum Beispiel Gemeinschaft mit Gott und untereinander geschenkt. Drei Dimensionen des Zeichens sind hier zu erwähnen: Vergegenwärtigendes Gedächtnis: letztes Abendmahl, Kreuz und Auferstehung sind in ihrem Heil und ihrer Gnade präsent. Das Beziehungsgeschehen: Begegnung zwischen Gott und Mensch und zwischen den Menschen untereinander kommt zum Ausdruck. Zuletzt ist es Vorwegnahme des christlichen Lebens und der eschatologischen Vollendung.
2. Diese Zeichenhandlung ist von Jesus gestiftet und vermittelt seine Gnade. Aufgrund seiner Stiftung sind wir der Gnade gewiss. Dies drücken wir aus in der Anrufung an den heiligen Geist (Epiklese) und in der Wiederholung des Aufrufes von Jesus: Tut dies zu meinem Gedächtnis! Wir erinnern uns an Jesus Stiftung und folgen seinem Auftrag, seinen Leib auszuteilen.
3. Im Gedenken und der Erinnerung geschieht Vergegenwärtigung und Beziehung.
4. Die Eucharistiefeier ist zugleich Opfer und Mahl: das Opfer gehört mehr zur Sinngestalt, das Mahl mehr zur Feiergestalt. Jesu Abendmahl haben Opfercharakter, weil es auf seine Hingabe an Gott und die Menschen hinweist. Die nachösterlichen Mahlfeiern haben Opfercharakter, weil sie Sakrament der Hingabe Jesu am Kreuz sind.

5. Gemeinschaft mit Gott und untereinander wird geschenkt. (Deswegen wird im Hochgebet auch der Papst und der Bischof genannt.) Zeichen dafür ist die Herabrufung des Heiligen Geistes und der gemeinsame Kommunionempfang.[38]

Meyer hat einen Begriff gefunden, der all diese wesentlichen Aspekte zusammenfasst.

"Eulogisches Gedenken" ist die umgreifende Vollzugs-Struktur. Betrachten wir die Bestandteile des Begriffs:

Eulogia: eu heißt im griechischen gut und logos Wort. Eulogia ist also ein Preiswort. In der Eucharistiefeier wird Gott gelobt und gepriesen. Gleichzeitig spricht Gott selbst gut zu uns in der Eucharistiefeier. Sein Segenshandeln wird offenbar. Er selbst teilt sich mit in der Eucharistiefeier. Es geschieht also ein gegenseitiges Geben und Nehmen, geistgewirkte Gemeinschaft, die von Gott gewirkt ist, und eine Hingabe der Menschen an Gott. (Indem sie zum Beispiel ihre Aufmerksamkeit im Gottesdienst Gott schenken und damit auch ausdrücken wollen, dass sie ihr ganzes Leben Gott hin geben wollen.) Die Vollzugsform eulogisches Gedenken in der Eucharistiefeier enthält somit die gleiche doppelte Bewegung wie der Wortgottesdienst; er ist katabatisch-soterisches (Heiligung) und anabatisch-kultisches Handeln, das in Wort, die Geste und Gabe zum Ausdruck kommt.

Das Gedenken bezieht sich einerseits auf das letzte Abendmahl, auf die Hingabe Jesu am Kreuz und die Offenbarung unseres Gottes als ein Gott des Lebens in der Auferstehung. Es bezieht sich andererseits auf das ganze Leben Jesu, seine Botschaft vom Reich Gottes und sein Handeln an den Menschen und auf die ganze Heilsgeschichte, in der wir selbst heute mit einbegriffen sind.

Das verkündete und angenommene Wort Gottes gehört konstitutiv zum Realsymbol der Kommunion, der Gemeinschaft mit Gott und untereinander. Deswegen gedenken wir des Christusereignisses sowohl im Hochgebet in der Anamnese als auch in den biblischen Lesungen und dem Evangelium im Wortgottesdienst.[39]

Im ersten Kinderhochgebet ist diese innere Logik des eulogischen Gedenkens sehr schön klar umgesetzt worden. Es wird ausdrücklich an alle wichtigen Aspekte der Heilsgeschichte erinnert: die Schöpfung, das Wirken Jesu und sein letztes Abendmahl und seine Hingabe am Kreuz. All dies wird im Modus des Lobens und Preisens vorgetragen und die Gemeinde kann sich darin aktiv beteiligen in den Antwortrufen. Daraus gibt sich eine wirklich dialogische Struktur.

Diese innere Logik, diese Komposition ist in einem ganz tiefen Sinne schön. Warum? Um dies zu zeigen, möchte ich drei Begriffe bzw. Aussagen aus verschiedenen Betrachtungsweisen nebeneinander stellen und ihre ähnliche Sinnrichtung aufzeigen.

1. Eulogisches Gedenken (innere Logik des Hochgebet; Betrachtungsweise Liturgie)
2. Interesseloses Wohlgefallen (Definition des Schönen bei Kant; Betrachtungsweise Philosophie)

---

38 Vgl. Meyer, H. B.: Eucharistie. Geschichte, Theologie, Pastoral, Handbuxh der Liturgiewissenschaft. Teil 4, Regensburg 1989, S. 447-453.

39 Vgl. Meyer, H. B.: Eucharistie. Geschichte, Theologie, Pastoral, Handbuxh der Liturgiewissenschaft. Teil 4, Regensburg 1989, S. 454-457.

3. Betrachtungsweise Spiritualität, zwei Regeln zur Unterscheidung der Geister:
3.1. Richte ich mich auf Gott aus oder kreise ich um meine eigenen Sorgen, Vorstellungen, Probleme und Wünsche?
3.2. Suche ich Gott selbst oder die Gaben Gottes? Wenn ich nur die Gaben Gottes suche (z.B. Ruhe, Gelassenheit, Erkenntnis, eine richtige Entscheidung usw.), dann bin ich nicht wirklich auf das Du Gottes ausgerichtet. Sondern dann geht es wieder um mich selbst. Ausrichtung auf Gott geschieht im Modus des Vertrauens: Sucht zuerst das Reich Gottes und alles andere wird euch dazu geschenkt.

Der Leser möge sich an das erinnern, was wir über eulogisches Gedenken und interesseloses Wohlgefallen ausgeführt haben. Dann wird die ähnliche Sinnrichtung aller drei Aussagen jedem einleuchten. Wenn ich etwas als schön wahrnehme, bin ich nicht auf die eigenen Interessen ausgerichtet. Wenn ich Gott lobe, kreise ich nicht um mich selbst sondern richte ich mich auf Gott aus. Alle drei Aussagen benennen die gleiche innere Haltung.

Diese innere Haltung ist heute nicht selten für viele Menschen fremdartig und ungewohnt. Wir sollten dies Ungewohntheit aber nicht zu sehr durch die "heutige Zeit" begründen. Denn diese innere Haltung wendet sich gegen eine innere Tendenz des Menschen, die letztlich aus der Erbsünde folgt. Deswegen sind zwei Punkte in der Praxis besonders wichtig: Wir müssen einerseits diese innere Haltung den Gottesdienstbesuchern auch immer wieder bewusst machen. (Das kann zum Beispiel in der Predigt oder an anderen Stellen des Gottesdienstes geschehen. Der Erklärungstext für das Hochgebet spricht ganz deutlich diese innere Haltung an. Siehe Erklärungsgottesdienst) Andererseits sollten wir große Achtsamkeit auf alle Fürbitten und Bittgebete im Gottesdienst richten. Sie dürfen weder von ihrer Menge her das Loben und Preisen verdrängen noch von ihrem Inhalt her wieder auf eine völlige Ich-bezogene Haltung zurückweisen. Das erste Kinderhochgebet ist auch in diesem Punkt vorbildlich. Die Bitten stehen am Schluss, machen den kleinsten Teil des Hochgebetes aus und führen nicht aus der Gott-bezogenen Haltung heraus.

Aber ist dieses Verständnis von Schönheit nicht zu "verinnerlicht", zu "vergeistigt"? Wo bleibt das Sinnliche? Beim schönen Erlebnis einer Blume, ein häufiges Beispiel bei Kant, beschäftigt sich die Einbildungskraft direkt mit einem Eindruck der Sinne. Der Einwand kann uns auf die Vielschichtigkeit des Schönen aufmerksam machen. Ein Musikstück oder ein Theaterstück können wir im Gegensatz zu einer Blume auf mehreren Ebenen und mit verschiedenen Betrachtungsweisen beurteilen. Zum Beispiel kann ich den "Sommernachtstraum" von Shakespeare als schön ansehen und gleichzeitig eine bestimmte Aufführung für nicht schön halten. Natürlich kommt bei einer schlechten Aufführung die Schönheit des Sommernachtstraumes nur unvollkommen und verzerrt zum Ausdruck. Ähnlich ist es mit dem Gottesdienst. Ein schön geschmückter Kirchenraum, ein festlicher Einzug der Ministranten und des Priesters, eine feierliche Musik, eine klar artikulierte Aussprache der Sprecher, eine ruhige und klare Abfolge der Einzelteile usw. können dazu beitragen, die tiefe Schönheit des Gottesdienstes transparent zu machen. Die katholische Liturgie bewahrt in ihren Traditionen in dieser Hinsicht wertvolle Schätze. Oft sprechen gerade protestantische Christen nach dem Erlebnis eines katholischen Gottesdienstes das Urteil aus: "Bei euch ist es immer sehr feierlich." Man sieht gerade an diesem Urteil, das die Schönheit eines katholischen Gottesdienstes unmittelbar erfahrbar sein kann. Und trotzdem ist Bildung notwendig, um die tiefe Schönheit des katholischen Gottesdienstes erfassen zu können. Auch dazu ein Vergleich: die Musik von Oliver Messiaen ist wahrlich wunderschön. Aber die meisten europäischen Ohren sind auf Dur- und Moll-Tonleitern und auf Dreiviertel- oder Viervierteltakte geeicht. Die neuen Tonleitern und ungewöhnlichen Rhythmen dieses Komponisten erfordern Gewöhnung. Ein gewisses Verständnis für die inneren Zusammenhänge zu seiner Komposition ergibt sich nur durch eine gewisse Bildung: D.h. einer gewissen Beschäftigung mit diesem musikalischen Denken. Oder ein anderes Beispiel: die Größe der Symphonien von Schostakowitsch, ihre Zwiespältigkeit und Doppelbödigkeit kann nur der verstehen, der um die beklemmende Situation von Schostakowitsch in der damaligen Sowjetunion unter der Herrschaft von Stalin weiß. Auch Kant betonte deutlich, dass sowohl die Erfahrung des Schönen als auch die Erfahrung des Erhabenen eine Bildung voraussetzt. De iure sind alle Menschen zu diesen Erfahrungen fähig, de facto ist eine Bildung notwendig. Der Ablauf des Gottesdienstes, seine innere Logik und seine tiefe Schönheit müssen deswegen Thema im Religionsunterricht sein. Auch der Gottesdienst selbst kann ein Ort des Lernens sein. (Der Erklärungsgottesdienst ist hierfür ein Beispiel.) Andererseits sollten wir vermeiden, in jedem Gottesdienst alles Mögliche erklären zu wollen. Die Schönheit der äußeren Gestaltung eines Gottesdienstes zeigt sich auch in einem ruhigen Fluss. Wenn der Gottesdienstleiter zu häufig auf die Metaebene springt und erklärt, wird dieser ruhige Fluss unterbrochen. Trotz aller Notwendigkeit einer gewissen liturgische Bildung soll und muss die Schönheit des Gottesdienstes durch sich selber wirken.

3. Ein erhabener Gottesdienst!

Das deutsche Wort "erhaben" wirkt für heutige Ohren antiquiert. Im alltäglichen Gebrauch kommt dieses Wort nicht mehr vor. Trotzdem "strahlt" dieses Wort auch heute noch etwas aus. Etwas Erhabenes ist nicht etwas Gewöhnliches; es ist etwas Besonderes, etwas Herausgehobenes. Für unsere Frage, ob ein Gottesdienst erhaben ist, reicht diese erste kleinen Begriffsannäherung natürlich nicht. In der "Kritik der Urteilskraft" folgt auf die Analytik des Schönen die Analytik des Erhabenen.

1. Analytik des Erhabenen

1.1. Was hat Erhabenes und Schönes gemeinsam? Was unterscheidet das Erhabene vom Schönen?

Beiden ästhetischen Urteilen ist gemeinsam, dass sie beide eine Reflexionsurteil sind. Sie sind nicht auf Erkenntnis ausgerichtet und sie sind auch kein bloßes Sinnesurteil. Sie beanspruchen Allgemeingültigkeit, sind subjektiv zweckmäßig, ohne Interesse und notwendig. Damit enden schon die Gemeinsamkeiten. Die Vernunft hat in der Analytik des Schönen noch keine explizite Rolle gespielt. Außerdem wurden noch nicht die Unlust und das Ungeformte thematisiert. (Im Urteilen "das ist schön" konnte man eine höhere Form der Lust finden, die durch eine Reflexion auf die Form des Gegenstandes hervorgerufen wurde.) Die Vernunft, die Unlust und das Ungeformte treten nun im Erhabenen in Erscheinung. Das Erhabene ist ein gemischtes Gefühl, zu dem konstitutiv sowohl Unlust als auch Lust gehört. Deswegen ist das Erhabene im Gegensatz zum ruhigen Gefühl des harmonischen Schönen ein bewegtes Gefühl, das erschüttern kann.
Weil die Vernunft, die nun im Erhabenen eine Rolle spielt, sowohl eine theoretische als auch eine praktische Seite hat, ergeben sich zwei Arten des Erhabenen: das Mathematisch-Erhabene und das Dynamische-Erhabene.
Vorweg einige Beispiele, die Kant in seiner Kritik der Urteilskraft für das Erhabene angibt: Gebirgsmassen, die in wilder Unordnung übereinander getürmt sind; die Peterskirche in Rom; das Planetensystem; die Pyramiden; ein hoher Wasserfall; der Anblick des bestirnten Himmels.[40]

40 Vgl. Böhme, G.: Kants Kritik der Urteilskraft in neuer Sicht, Frankfurt 1999, S. 123f.

1.2. Das Mathematisch-Erhabene

Kant unterscheidet zwischen einer mathematischen oder logischen Größenschätzung und einer ästhetischen. Wenn ich mir die Größe eines Raumes anschaue, dabei einen Schritt mache, um die Größe einer Seitenlänge des Raumes mit der Länge des Schrittes zu vergleichen, dann bestimme ich die Größe eines Raumes relativ zu meiner Schrittlänge (die ungefähr auch einen Meter darstellen kann). Dies ist eine mathematische oder logische Größenschätzung. Wenn ich den Raum in bloßer Anschauung nach dem Augenmaß betrachte und seine Größe einfach schlechtweg einschätze, dann wird die Größe durch die reflektierende Urteilskraft ästhetisch beurteilt. Bei einer solchen Schätzung der Größe geschieht eine Synthese, die aus der Vielheit der Momente Eines, einen synthetischen Eindruck, macht.

Bei all den oben genannten Beispielen aber scheitert diese ästhetische Größenschätzung; das schlechtweg Große-Erhabene übersteigt das noch schätzbare schlechtweg Große. Das Mathematisch-Erhabene ist über alle Vergleiche groß. Kant bezeichnet aber nicht die Gegenstände der Natur als erhaben; er vollzieht einen Art Perspektivenwechsel vom Objekt zum Subjekt. Denn was hier nicht gelingt ist die Synthese der vielen Einzelheiten. Die Einbildungskraft kann die vielen Eindrücke eines gewaltigen Gebirgsmassives oder der Peterskirche nicht im Gesamten zu einer Synthese des Mannigfaltigen erfassen.

Die Einbildungskraft erfasst ein Objekt durch die zwei Handlungen Auffassen und Zusammenfassen. Natürlich ist es der Einbildungskraft möglich, immer wieder neue Elemente aufzufassen; jedoch kann sie nur eine begrenzte Anzahl von Elementen zusammenfassen. (Die heutige Forschung des Denkens hat herausgefunden, dass unser menschliches Gehirn nur sieben Elemente gleichzeitig zusammenfassen kann.)

"Mit der Auffassung hat es keine Not: denn damit kann es ins Unendliche gehen; aber die Zusammenfassung wird immer schwerer, je weiter die Auffassung fortrückt, und gelangt bald zu ihrem Maximum, nämlich dem ästhetisch größten Grundmaße der Größenschätzung. Denn, wenn die Auffassung so weit gelanget ist, dass die zuerst aufgefaßten Teilvorstellungen der Sinnenanschauung in der Einbildungskraft schon zu erlöschen anheben, indes dass diese zu Auffassung mehrerer fortrückt: so verliert sie auf einer Seite eben so viel, als sie auf der andern gewinnt, und in der Zusammenfassung ist ein Größtes, über welches sie nicht hinauskommen kann.

Daraus läßt sich erklären, was Savary in seinen Nachrichten von Ägypten anmerkt: dass man den Pyramiden nicht sehr nahe kommen, eben so wenig als zu weit davon entfernt sein müsse, um die ganze Rührung von ihrer Größe zu bekommen. Denn ist das letztere, so sind die Teile, die aufgefaßt werden (die Steine derselben übereinander), nur dunkel vorgestellt, und ihre Vorstellung tut keine Wirkung auf das ästhetische Urteil des Subjekts. Ist aber das erstere, so bedarf das Auge einige Zeit, um die Auffassung von der Grundfläche bis zur Spitze zu vollenden; in dieser aber erlöschen immer zum Teil die ersteren, ehe die Einbildungskraft die letzteren

aufgenommen hat, und die Zusammenfassung ist nie vollständig. - Eben dasselbe kann auch hinreichen, die Bestürzung, oder Art von Verlegenheit, die, wie man erzählt, den Zuschauer in der St. Peterskirche in Rom beim ersten Eintritt anwandelt, zu erklären. Denn es ist hier ein Gefühl der Unangemessenheit seiner Einbildungskraft für die Ideen eines Ganzen, um sie darzustellen, worin die Einbildungskraft ihr Maximum erreicht, und, bei der Bestrebung, es zu erweitern, in sich selbst zurück sinkt, dadurch aber in ein rührendes Wohlgefallen versetzt wird." (KU A86f)
Der letzte Satz des Zitates führt uns zu einer weiteren Frage: es ist verständlich, dass die Einbildungskraft Unlust verspürt, wenn ihr die Zusammenfassung nicht mehr gelingt. Aber warum kann sie in ein rührendes Wohlgefallen versetzt werden? Die Einbildungskraft erkennt, dass sie von der Vernunft an ihre Grenzen getrieben wurde. "Aber in Wahrheit zwingt uns nichts anderes als die Vernunft, das Große der Sinnenwelt in einem Ganzen zu vereinen. Dieses Ganze ist die Idee des Sinnlichen, insofern dieses etwas Intelligibles oder Obersinnliches zum Substrat hat. Die Einbildungskraft lernt also, dass es die Vernunft ist, durch die sie bis an die Grenze ihrer Macht gestoßen wird und die sie zwingt, einzugestehen, dass all ihre Macht im Vergleich zu einer Idee nichts wiegt."[41] Die Lust resultiert für die Einbildungskraft aus der Empfindung, dass ihre Unangemessenheit mit einer Vernunftidee übereinstimmt. Daraus ergibt sich, dass Unlust und Lust nicht nacheinander sondern gleichzeitig empfunden werden. Die zweite wichtige Konsequenz liegt darin, dass die Lust die Unlust nicht aufhebt. Der Kontrast zwischen Lust und Unlust bleibt bestehen, die Unlust ist weiterhin Bedingung der Lust. Kant betont außerdem, dass das Erhabene weiterhin ein Gefühl bleibt. Die Idee des Ganzen wird durch die Einbildungskraft gefühlt und diese Idee bleibt unbestimmt.
Einmalig in der Philosophie von Kant ist, dass ein Vermögen an seine eigene Grenze getrieben wird und von einem anderen Vermögen gezwungen wird, diese zu überschreiten. Besonders Deleuze betont diese Neuheit in der Philosophie Kants. "Das Erhabene geht noch weiter in diese Richtung: es lässt die verschiedenen Vermögen derart spielen, dass sie sich einander wie Kämpfer widersetzen, eins das andere an sein Maximum oder seine Grenze stößt, aber dass das andere reagiert, indem es das eine zu einer Einigung treibt, die es nicht von selbst gehabt hätte. Das eine stößt das andere an seine Grenze, aber jedes führt zu Überschreitung der Grenzen des anderen [...]: ein disharmonischer Einklang, das ist die große Entdeckung der Kritik der Urteilskraft."[42]

1.3. Das Dynamisch-Erhabene

Im Dynamisch-Erhabenen werden wir Menschen mit Macht und möglicher Gewalt konfrontiert. Ein drohender Felsen, sich auftürmende Donnerwolken, Vulkane, Orkane oder der grenzenlose Ozean sind Beispiele für das Dynamisch-Erhabene bei Kant. Macht wird bei Kant definiert als ein Vermögen, große Hindernisse überwinden zu können. Gewalt ist eine gesteigerte Form der

41 Deleuze, G.: Kants kritische Philosophie, Berlin 1990, S. 107.
42 Deleuze, G.: Kants kritische Philosophie, Berlin 1990, S. 16f.

Macht. Sie kann Hindernisse, die selbst Macht sind, überwinden.[43] "Die Natur im ästhetischen Urteile als Macht, die über uns keine Gewalt hat, betrachtet, ist dynamisch-erhaben." (KU A101) Im Gefühl des Dynamisch-Erhabenen distanzieren wir uns von den Schrecken der Natur, wobei je furchtbarer ein Gegenstand uns erscheint, desto erhabener er auf uns wirkt. Wie kann das geschehen?

Die erste Bedingung für dieses ästhetische Gefühl ist, dass wir uns in Sicherheit befinden und dass die Natur nicht wirklich uns bedroht. Die Gefahr durch die Natur ist also nur scheinbar. Und trotzdem ist die erste und entscheidende Empfindung bei dieser Erfahrung die Ohnmacht: wir können uns nicht physisch gegen einen Orkan oder einen hohen Wasserfall stellen, ohne uns in größte Gefahren zu begeben. Wenn wir uns aber mit der Einbildungskraft diese Möglichkeiten vorstellen und unsere physische Ohnmacht bewusst werden, entdecken wir in uns eine Macht, die von der Macht der Natur nicht berührt werden kann.

"Denn, so wie wir zwar an der Unermeßlichkeit der Natur, und der Unzulänglichkeit unseres Vermögens, einen der ästhetischen Größenschätzung ihres Gebiets proportionierten Maßstab zu nehmen, unsere eigene Einschränkung, gleichwohl aber doch auch an unserm Vernunftvermögen zugleich einen andern nicht-sinnlichen Maßstab, welcher jene Unendlichkeit selbst als Einheit unter sich hat, gegen den alles in der Natur klein ist, mithin in unserm Gemüte eine Überlegenheit über die Natur selbst in ihrer Unermeßlichkeit fanden: so gibt auch die Unwiderstehlichkeit ihrer Macht uns, als Naturwesen betrachtet, zwar unsere physische Ohnmacht zu erkennen, aber entdeckt zugleich ein Vermögen, uns als von ihr unabhängig zu beurteilen, und eine Überlegenheit über die Natur, worauf sich eine Selbsterhaltung von ganz andrer Art gründet, als diejenige ist, die von der Natur außer uns angefochten und in Gefahr gebracht werden kann, wobei die Menschheit in unserer Person unerniedrigt bleibt, obgleich der Mensch jener Gewalt unterliegen müßte. Auf solche Weise wird die Natur in unserm ästhetischen Urteile nicht, sofern sie furchterregend ist, als erhaben beurteilt, sondern weil sie unsere Kraft (die nicht Natur ist) in uns aufruft, um das, wofür wir besorgt sind (Güter, Gesundheit und Leben), als klein, und daher ihre Macht (der wir in Ansehung dieser Stücke allerdings unterworfen sind) für uns und unsere Persönlichkeit demungeachtet doch für keine solche Gewalt ansehen, unter die wir uns zu beugen hätten, wenn es auf unsre höchste Grundsätze und deren Behauptung oder Verfassung ankäme. Also heißt die Natur hier erhaben, bloß weil sie die Einbildungskraft zu Darstellung derjenigen Fälle erhebt, in welchen das Gemüt die eigene Erhabenheit seiner Bestimmung, selbst über die Natur, sich fühlbar machen kann." (KU A103-104)

Wie beim Mathematisch-Erhabenen wird auch hier deutlich, dass nicht das Objekt an sich erhaben ist. Vielmehr haben wir auch hier einen Kontrast zwischen Unlust, die durch unsere physische Ohnmacht hervorgerufen wird, und einer besonderen Art von Lust vorzufinden. Aber woher kommt beim Dynamisch-Erhabenen die Lust? Es ist unsere Persönlichkeit, unsere

43 Vgl. Teichert, D.: Immanuel Kant: „Kritik der Urteilskraft“, Paderborn 1992, S. 63.

"Menschheit in unserer Person", die durch keine physische Macht oder Gewalt zerstört werden kann und an Würde die Natur übersteigt. Wird uns diese Idee der Vernunft offensichtlich in der Einbildungskraft selbst - jenseits dem Schrecken -, dann empfinden wir Lust.
Jeder Mensch hat nach Kant eine Anlage zum Gefühl für praktische Ideen (wie z.B. die Idee der Persönlichkeit). Doch muss der Mensch durch Kultur diese Vernunftideen entwickeln und ausbilden. De iure ist deswegen jeder Mensch fähig für das Gefühl der Erhabenheit, de facto ist eine gewisse Bildung für die Erfahrung dieses Gefühls notwendig.[44]

1.4. "Schnee" - ein erhabenes Erlebnis von Hans Castorp

Thomas Mann schildert in seinem Zauberberg an einem Höhepunkt seines Romans eine höchst beeindruckend erhabene Erfahrung. Der "Held" des Romans, Hans Castorp, lebt nun schon einige Jahre auf dem Berghof, einem Lungensanatorium, als er eines Winters auf die Idee kommt, das Skifahren auszuprobieren. Nachdem er eine gewisse Geschicklichkeit erreicht hat, macht er sich auf eine längere Tour und kommt in einen Schneesturm. Er verliert jegliche Orientierung. Der Schneesturm umgibt ihn mit einer weißen "Leere". Castorp versucht, zurück zu finden, und merkt bald, dass er im Kreis gelaufen ist. An der Hauswand einer geschlossenen Hütte döst der Erschöpfte ein. Er verfällt zuerst in einen schönen, dann in einen Grauen erregenden Traum. Nachdem er aufwacht, beginnt er ein Selbstgespräch. Castorp befindet sich im Gegensatz zu den Beispielen bei Kant durch diesen Schneesturm wirklich in Lebensgefahr. Der erhabene Widerstreit von Unlust und Lust, von Macht und Ohnmacht steigert sich hier zu einer Frage von Leben und Tod.
"Der Mensch ist Herr der Gegensätze, sie sind durch ihn, und also ist er vornehmer als sie. Vornehmer als der Tod, zu vornehm für diesen, -das ist die Freiheit seines Kopfes. Vornehmer als das Leben, zu vornehm für dieses, -das ist die Frömmigkeit in seinem Herzen. Da habe ich einen Reim gemacht, ein Traumgedicht vom Menschen. Ich will dran denken. Ich will gut sein. Ich will dem Tode keine Herrschaft einräumen über meine Gedanken! Denn darin besteht die Güte und Menschenliebe, und in nichts anderem. Der Tod ist eine große Macht. Man nimmt den Hut ab und wiegt sich vorwärts auf Zehenspitzen in seiner Nähe. Er trägt die Würdenkrause des Gewesenen, und selber kleidet man sich streng und schwarz zu seinen Ehren. Vernunft steht albern vor ihm da. Denn sie ist nichts als Tugend, er aber Freiheit, Durchgängerei, Unform und Lust. Lust, sagt mein Traum, nicht Liebe. Tod und Liebe, -das ist ein schlechter Reim, ein abgeschmackter, ein falscher Reim! Die Liebe steht dem Tode entgegen, nur sie, nicht die Vernunft, ist stärker als er. Nur sie, nicht die Vernunft, gibt gütige Gedanken. Auch Form ist nur aus Liebe und Güte: Form und Gesittung verständig-freundlicher Gemeinschaft und schönen Menschenstaats -in stillem Hinblick auf das Blutmahl. Oh, so ist es deutlich geträumt und gut regiert! Ich will dran denken. Ich will dem Tode Treue halten in meinem Herzen, doch mich hell

44 Vgl. Teichert, D.: Immanuel Kant: „Kritik der Urteilskraft“, Paderborn 1992, S. 65-67.

erinnern, dass Treue zum Tode und Gewesenen nur Bosheit und finstere Wollust und Menschenfeindschaft ist, bestimmt sie unser Denken und Regieren. Der Mensch soll um der Güte und Liebe willen dem Tode keine Herrschaft einräumen über seine Gedanken. Und damit wach' ich auf..."[45]

Die Struktur des Erhabenen ist leicht zu erkennen. Die Gefahr des Todes macht Hans Castorp ohnmächtig. Aber er entdeckt in sich, dass die Freiheit seines Kopfes und die Frömmigkeit in seinem Herzen größer ist als der Tod. Aber dann schleicht sich eine Kritik an Kant in den Text hinein: die Vernunft steht albern vor dem Tod. Denn sie ist nichts als Tugend. Letztlich ist es die Liebe, die die Macht, den Tod zu überwinden. Die Vernunft mag in einer Situation, in der die Gefahr nur eingebildet ist, das Lustgefühl der menschlichen Würde hervorbringen; aber in der echten Todesgefahr widersteht nur die Liebe dem Abgrund?!

1.5. Das diskordante Zusammenspiel der Vermögen bei Deleuze

Beim Erhabenen wird die Einbildungskraft von der Vernunft zu ihrer eigenen Grenze geführt. Es gibt bei Kant keine weiteren Beispiele des disharmonischen Zusammenspiels der Vermögen. Deleuze stellte dies fest und entwickelte in seinem Buch "Differenz und Wiederholung" eine "differentielle Theorie der Vermögen", die davon ausgeht, dass zwischen allen Vermögen des menschlichen Geistes ein diskordantes Zusammenspiel möglich ist.

Deleuze hat aber nicht zum Ziel, Kant weiterzuführen; vielmehr möchte er Kants Philosophie, besonders den Kant der Kritik der reinen Vernunft und der Kritik der praktischen Vernunft, kritisieren. Denn in diesen beiden Kritiken sind die Hierarchien der Vermögen und das harmonische Zusammenspiel derselben beschrieben. Wenn wir, so Deleuze, unsere Vermögen in einer Hierarchie und in einem harmonischen Zusammenspiel anordnen, dann haben wir noch gar nicht mit dem Denken begonnen. Bei der Feststellung "dies ist ein Tisch" mögen die Vermögen unter dem Vorstand des Verstandes harmonisch zusammenarbeiten. Aber das ist nicht Denken! Das Denken beginnt mit einer Begegnung, mit einem Zeichen, das auf ein echtes Problem hinweist. Die Vernunft und der Verstand werden an ihre Grenzen geführt; Paradoxien tauchen auch. "Was zu denken zwingt, ist das Zeichen. Das Zeichen ist Objekt einer Begegnung; aber gerade die Kontingenz der Begegnung steht für die Notwendigkeit dessen ein, was sie zu denken gibt. Der Akt des Denkens entspringt nicht einer einfachen natürlichen Möglichkeit. Er ist im Gegenteil die einzige wahrhafte Schöpfung. Die Schöpfung ist die Genese des Denkaktes im Denken selbst. Diese Entstehung nun impliziert etwas, was dem Denken eine Gewalt antut, die es seiner natürlichen Starre entreißt, seinen nur abstrakten Möglichkeiten. Denken ist interpretieren, das heißt ein Zeichen explizieren, entwickeln, entziffern, übersetzen. Übersetzen, entziffern,

45 Mann, T.: Der Zauberberg, Frankfurt 1991, S. 679.

entwickeln sind die Formen der reinen Schöpfung. Explizite Bezeichnungen gibt es ebenso wenig wie klare Vorstellungen."[46]

Es ist im Rahmen dieser Arbeit nicht möglich, ausführlich diese differentielle Theorie der Vermögen darzustellen. Aber den Grundgedanken dieser Theorie werden wir bei unseren Überlegungen zu Osternacht gebrauchen können.

Zusammenfassung der Analytik des Erhabenen bei Kant:

Nennen wir zuerst einige Beispiele, bei deren Anblick man eine erhaben Erfahrung nach Kant machen kann: Gebirgsmassen, die in wilder Unordnung übereinander getürmt sind; die Peterskirche in Rom; das Planetensystem; die Pyramiden; ein hoher Wasserfall; der Anblick des bestirnten Himmels; ein Vulkanausbruch.

Kant unterscheidet das Mathematisch-Erhabene und das Dynamisch-Erhabene. Wenn ich z.B. Gebirgsmassen, die in wilder Unordnung übereinander getürmt sind, oder die Peterskirche in Rom oder die Pyramiden anschaue, dann sehe ich so viel Einzelheiten, dass es mir unmöglich ist, mit einem Blick alles bewusst und klar zu erfassen. Die Größe und die Vielfalt dieser Objekte übersteigt mein Fassungsvermögen. Meine Einbildungskraft kann zwar sich Einzelteile herausnehmen und diese Einzelteile klar im Geiste präsent machen. Aber das Ganze übersteigt mein Vermögen. Meine Vernunft fordert aber, das Ganze zu erfassen. Die Einbildungskraft wird von der Vernunft dazu getrieben, das Ganze zu erfassen, obwohl es ihr nicht möglich ist. Ich empfinde dabei Lust und Unlust zugleich. Und diesen Widerstreit zwischen Einbildungskraft und Vernunft nennt Kant Erhabenheit.

Dieser Widerstreit findet auch beim Dynamisch-Erhabenen statt. Er hat nur einen anderen Charakter. Nehmen wir an, ich stehe ganz nah an einem Wasserfall oder ich sehe einen Vulkanausbruch oder ich befinde mich unter einem Felsvorsprung, der den Eindruck macht, abzubrechen. Auch wenn keine reale Gefahr besteht, so kann ich mir mit der Einbildungskraft vorstellen, dass ich von der Übermacht der Natur zerstört werden kann: der Wasserfall kann mich mitreißen, die heiße Lava kann mich verbrennen, ein Steinbrocken kann mich zerquetschen. Andererseits kann in mir die Idee der Vernunft auftauchen, dass jenseits dieser Übermacht der Natur ich eine Würde habe, die Würde meiner Person, die auch Bestand hat, wenn ich von der Natur verletzt oder vernichtet werde. Diese Größe meiner Würde ist größer als die Übermacht der Natur. Beim Dynamisch-Erhabenen wird das Zugleich von Unlust und Lust sehr deutlich.

46 Deleuze, G.: Proust und die Zeichen, Berlin 1993, S. 80.

2. Die erhabene Erfahrung von Kreuz und Auferstehung - Erhabenheit im Gottesdienst

2.1. Kreuz und Auferstehung

Hans-Joachim Sander betitelt seine Christologie in der Reihe "Glaubens Worte provokant": "nicht verleugnen. Die befremdende Ohnmacht Jesu." Das ganze Leben Jesu, seine ganze Person ist von einem "Grundgesetz" beherrscht: in der Ohnmacht zeigt sich die Macht Gottes! Aber man kann über die Macht Gottes nicht verfügen, sie wird einem zu dem Augenblick geschenkt, den Gott selbst bestimmt. Dieses "Gesetz" ist befremdlich, weil es den üblichen Mechanismen von Macht und Ohnmacht in dieser Welt widerspricht. Sander kann diese neue Logik von Ohnmacht- und Machterfahrungen bei den Geburtsgeschichten, in der Botschaft über das Reich Gottes, bei der Kreuzigung, bei den Auferstehungsberichten und auch beim christologischen Dokument nachweisen.

Betrachten wir eine Überlegung von Sander genauer: In den Verhören vor Pilatus blockieren sich die religiöse Macht des hohen Rates, der die Hinrichtung Jesu will, und die politische Macht des Pilatus, der keinen Grund findet, Jesus hinzurichten. In dieser Pattsituation hätte Jesus die Chance, die dritte Kraft zwischen religiöse und staatliche Autorität zu werden. Er könnte zum Beispiel den Verdacht des Pilatus bestätigen, "dass ihn die jüdischen Autoritäten zum bloßen Vollstrecker ihres Willens machen wollen, dann fielen die Würfel gegen den Hohen Rat."[47] Jesus ist sich seiner königlichen Macht bewusst - doch setzt er sie nicht ein, um sich zu retten. Das ist befremdlich.

"Jesus wählt aus freien Stücken die Ohnmacht, aber er tut es nicht, um einen letzten Triumph von Macht zu erleben. [...] Er nimmt sich nicht ein Leben, das ihm gehört, sondern zeigt am eigenen Leib die heillose Gewalt unter Menschen; sein Leben wird den Lebenden gegeben, damit sie wider ihre eigene Gewalt leben lernen. Jesus übergibt sein Leben denen zum Besitz, die von dieser Gewalt geknechtet werden. Das ist nicht die Machtdemonstration eines freiwilligen Opfers, dessen Tod den Weg aus der Gewalt weist. Es ist vielmehr die Demonstration eines Lebens, das allen gehört und deshalb nicht mit dem eigenen Tod an ein Ende kommt. Ein Leben, das nicht mit dem eigenen Tod an sein Ende kommt, lebt wider jede Gewalt auf, die menschliches Leben zur Strecke bringt. Jesu Überantwortung an den Tod ist nicht die Verzweiflungstat eines Selbstmörders, dem nur noch die Gewalt übrig bleibt. Sie ist auch nicht die Widerstandstat eines Helden, der die Gewalt mit dem eigenen Leben stoppt. Sie ist vielmehr die totale Verweigerung der Gewalt. Hier offenbart sich, worin das Ende der Gewalt liegt. Es liegt in jenem Leben, das nicht dem gehört, der oder die es lebt, sondern allen gehört."[48]

---

47 Sander, H.-J.: nicht verleugnen. Die befremdende Ohnmacht Jesu, Würzburg 2001, S. 74.

48 Sander, H.-J.: nicht verleugnen. Die befremdende Ohnmacht Jesu, Würzburg 2001, S. 77f.

Die Ohnmachtserfahrung Jesu am Kreuz geht ja so weit, dass er sich sogar von der behütenden Macht Gottes verlassen fühlt: Mein Gott, mein Gott, warum hast du mich verlassen? Die Auferstehung wird auf diese Frage eine Antwort geben.
Sander weist aber deutlich darauf hin, dass die Auferstehung nicht eine typische Happy-End Geschichte erzählt. Ich möchte hier nur auf zwei Aspekte hinweisen. Der Auferstandene zeigt sich als der Gekreuzigte. Er hat immer noch die Wundmale an Händen und Füßen. "Es gibt keine christliche Darstellung der Auferstehung jenseits des Kreuzes. Beide passen nicht zusammen, wenn man auf den Machtgehalt abhebt und die Ohnmacht übergeht."[49] Die Auferstehungserfahrung ist für die Jünger keine reine Glückserfahrung. Einzig Maria Magdalena freut sich wirklich über den Auferstandenen. Die Frauen verlassen nach Matthäus das Grab vor Furcht und großer Freude (Mt 28,8). Und als die Jünger Jesu sehen, fallen sie vor ihm nieder; aber einige hatten Zweifel. (Mt 28,17)
Sehen wir nun Kreuz und Auferstehung, Karfreitag und Ostern in einen Kontrast zusammengenommen, so zeigt sich von der Struktur her eine klare Parallelität zu Kants Analytik des Erhabenen. Ohnmacht und Macht stehen in einem komplexen Zusammenhang nebeneinander. Aber es gibt einen entscheidenden Unterschied: bei Kants Beispiele handelt es sich um Situationen, in der ein Mensch nicht ernstlich bedroht ist, sondern sich die Bedrohung in der Einbildungskraft vorstellt. Bei Jesus Christus ist nichts mehr Einbildung oder Spiel sondern alles bitterer Ernst und nackte Realität. Kreuz und Auferstehung sind somit zusammengenommen wahrlich erhaben.
Das Erhabene ist der Modus, um Kreuz und Auferstehung mit unseren geistigen Vermögen zu erfassen. Ein gravierender Fehler wäre aber, die "Unlust" allein auf das Kreuz, auf Karfreitag zu beziehen, und die "Lust" allein auf die Auferstehung und auf Ostern zu beziehen. Das Erhabene als Erfahrungsmodus zeichnet sich ja gerade dadurch aus, dass die Unlust nicht durch die Lust überwunden wird, sondern ein Wechsel zwischen Unlust und Lust im Erhabenen ständig stattfindet und beide in einem Kontrast bestehen bleiben, wobei gerade die erhabene Lust ohne die Unlust unmöglich ist. Beim Dynamisch-Erhabenen steht hinter diesem Kontrast der Widerstreit zwischen Macht und Ohnmacht. Die Ohnmacht des Menschen wird in der Auferstehung nicht durch die Macht Gottes ausgelöscht (der Auferstandene hat immer noch seine Wundmale). Und am Kreuz bezeugt der Schrei "mein Gott, mein Gott, warum hast du mich verlassen?" einen Gottesbezug wider aller Gottesfinsternis, eine Hoffnung wider aller Hoffnung. Wenn wir im Rückblick nun den Karfreitag mit dem Wissen um Ostern betrachten, so bestätigt sich die Rechtmäßigkeit, in der Ohnmacht des gekreuzigten Menschen Jesu die Macht Gottes aufscheinen zu sehen.
Huysmans drückt diesen Kontrast von Ohnmacht und Macht sehr eindringlich aus in seinem Roman "Tief unten" anhand einer Beschreibung von der Kreuzigungsdarstellung von Grünewald:

49 Sander, H.-J.: nicht verleugnen. Die befremdende Ohnmacht Jesu, Würzburg 2001, S. 90.

"Ach, vor diesem blutbeschmierten, tränenverschwommenen Kalvarienberg war man wahrhaftig weit entfernt von jenen übermilden Golgathas, die sich die Kirche seit der Renaissance zu eigen macht! Dieser Christus in Starrkrämpfen war nicht der Christus der Reichen, der galiläische Adonis, der kerngesunde Schönling mit rotblonden Locken, mit ordentlich zweigeteiltem Bart, mit faden, ritterpferdähnlichen Zügen, nicht der hübsche junge Bursche, den die Gläubigen seit vierhundert Jahren anbeten. Dieser dort, das war der Christus des heiligen Justinus, des heiligen Basilius, des heiligen Cyrillus, des Tertullian, der Christus der ersten Jahrhunderte der Kirche, ein Christus, gemein und häßlich, weil er die volle Summe der Sünden auf sich nahm und aus Demut sich in die verächtlichste der Gestalten kleidete. Es war Dieser der Christus der Armen, Derjenige, welcher sich gerade den Elendsten unter denen, die zu erlösen er kam, angeglichen hatte, den Mißgebildeten und den Bettlern, all jenen, deren Häßlichkeit oder Bedürftigkeit die Menschen in ihrer Gemeinheit stetig zusetzen; auch war dies der menschlichste der Heilande, ein Christus in der ganzen Jämmerlichkeit und Schwachheit seines Fleisches, verlassen vom Vater, der erst eingegriffen hatte, als kein neuer Schmerz mehr möglich war; der Christus, dem nur noch seine Mutter zur Seite stand, nach der er wohl, wie alle Gemarterten, mit kindlichen Schreien gerufen haben wird, nur noch seine Mutter, nunmehr ohnmächtig zu helfen und von keinerlei Nutzen. [...] Wahrlich, noch niemals war der Naturalismus zu solchen Sujets durchgebrochen; noch niemals hatte je ein Maler derart das göttliche Beinhaus zu Paste gerührt und so brutal seinen Pinsel in die Paletten der Körpersäfte und in die blutigen Farbnäpfe der Wundlöcher getaucht. Es war ohne Maß, und es war entsetzlich. Grünewald war der besessenste der Realisten; doch betrachtete man ihn länger, diesen Erlöser aus der Gosse, diesen Gott aus der Leichenhalle, so änderte sich das Bild. Aus dem verschwärten Haupt drangen helle Schimmer: ein Ausdruck des Übermenschlichen erleuchtete die aufgequollenen Fleischpartien, die verkrampften Züge. Dieser gespreitete Kadaver war der eines Gottes, und ohne Aureole, ohne Nimbus, ausstaffiert lediglich mit jener zerzausten, von rotkörnigen Blutsprenkeln besäten Dornenkrone, erschien Jesus in seiner ganzen himmlischen Überwesenheit zwischen der niedergeschmetterten, tränentrunkenen Jungfrau Maria und dem heiligen Johannes, dessen leergebrannte Augen keine Träne mehr zu schmelzen vermochten.
Diese Gesichter, die anfangs so gewöhnlich gewirkt hatten - nun erstrahlten sie, verklärt durch eine unerhörte, alle Maße sprengende Seelengröße. Es gab da keinen Straßenräuber mehr, keine arme Frau, keinen Bauernlümmel, sondern es standen überirdische Wesen zu seiten eines Gottes. Grünewald war der besessenste der Idealisten. Noch niemals hatte je ein Maler so großartig die Höhe gepriesen und so entschlossen den Aufsprung vom Gipfel der Seele in ein wildbewegtes Himmelsrund gewagt. Bis zu beiden Extremen war er gegangen und hatte aus triumphalem Unrat die feinsten Minzwässer der Liebesempfindungen, die beißendsten Essenzen der Tränen herausgefiltert."[50]

50 Huysmans, J.: Tief unten, Stuttgart 1994, S. 14f.

Kreuz und Auferstehung stehen im Zentrum unseres Glaubens. Am Karfreitag und Ostern erinnern wir uns dieser Ereignisse, die für uns lebensbestimmende Bedeutung haben. Wie feiert die Liturgie diese Ereignisse? Können wir in der Liturgie die Erhabenheit von Kreuz und Auferstehung erfahren?

Man kann die Erfahrung des Erhabenen nicht "erzwingen". Man kann nur den Raum schaffen, in dem die Erfahrung des Erhabenen ermöglicht und "gefördert" wird. Das Erhabene ist noch mehr als das Schöne ein subjektives Erfahrungsereignis.

Wesentlich für die Ermöglichung dieser Erfahrung ist aber auf jeden Fall, dass sowohl in der Karfreitagsliturgie als auch in der Osternacht der Kontrast von Ohnmacht und Macht und das christliche Verständnis desselben deutlich wird. Betrachten wir ausgehend von der Analytik des Erhabenen und den Überlegungen zu Kreuz und Auferstehung Aspekte aus der Liturgie dieser beiden kirchlichen Hochfeste.

2.2. Die Ermöglichung der Erfahrung des Erhabenen in der Karfreitagsliturgie

Der Karfreitag ist ein Fasttag. Das Verzichten auf (üppige) Nahrungsaufnahme hebt den Tag heraus. Auf das Angenehme des Essens wird ein Tag lang verzichtet. Ergibt sich aus dieser Unlusterfahrung nicht schon eine Vorbereitung auf die liturgische Vergegenwärtigung der Ohnmachtserfahrung Jesu am Kreuz?

In den ersten Jahrhunderten verzichteten die Christen auf eine besondere Karfreitagsliturgie. Ein nichteucharistischer Gottesdienst am Karfreitag entsteht zuerst in Jerusalem. Gerade die Identität des Ortes gibt Anlass zu einem besonderen "ästhetischen" (im ursprünglichen Sinne zu lesen: Wahrnehmen!) Ereignis: Hier in dieser Stadt passierte es! Dadurch wird die Einbildungskraft besonders angeregt. Die Betonung der Wahrnehmung und der Einbildungskraft ist bis heute in der Karfreitagsliturgie noch vorzufinden. Die Karfreitagsliturgie ist keine reine "Kopf"- und "Sprach"-Angelegenheit. Die Sinne werden gezielt angesprochen. Dies ist äußerst wertvoll, um einen Raum für die Erfahrung des Erhabenen zu ermöglichen.

Der Gottesdienst beginnt mit Schweigen und der Körperhaltung Knien oder am Boden Liegen. Hier wird die subjektive Haltung, sowohl die innere als auch die äußere Haltung, inszeniert, die für die Erfahrung des Erhabenen notwendig ist. Das Schweigen lässt das Erschreckende des Karfreitags an sich herankommen; und die Körperhaltung drückt das Staunen aus - die adäquate Antwort auf das Paradox des christlichen Kontrastes von Ohnmacht und Macht.

Die erste Lesung am Karfreitag ist das vierte Lied vom Gottesknecht aus dem Jesajabuch. Wer diesem Text aufmerksam zuhört, wird gerade dazu verleitet, sich mit der Einbildungskraft diesen Gottesknecht innerlich vorzustellen. Dieser Text bietet sich geradezu an, ihn so zu behandeln wie es Ignatius in seinem Exerzitienbuch für viele Texte aus der Heiligen Schrift vorsieht: sich den Schauplatz und die Hauptperson wie einen geistigen Film zu vergegenwärtigen. Dieser innere Nachvollzug wird durch die äußere Raumgestaltung unterstützt: in der Kirche findet sich kein

Schmuck mehr und keine Blumen; der Tabernakel ist offen und leer. "Er hatte keine schöne und edle Gestalt" - das gilt am Karfreitag auch vom Kirchenraum. Das Gotteshaus ist leer, gleich einer Wüste. Das lädt ein, sich auf sich selber zurück zu besinnen und die eigene Leere und Wüste, die eigene Krankheit und die eigenen Schmerzen wahrnehmen zu können. (In dieser Hinsicht ist damit der Karfreitag der Höhepunkt der Fastenzeit.)

Die zweite Lesung ist aus dem Hebräerbrief. Beide Lesungen drücken zusammengenommen die zwei Seiten aus, die wir schon bei Huysmans´ Beschreibung der Kreuzigungsdarstellung kennengelernt haben: die menschliche Ohnmacht und die befremdliche Macht Gottes.

Die Erhebung und Verehrung des Kreuzes am Karfreitag eröffnet wahrlich einen Raum für die Erfahrung des Erhabenen. "Seht das Kreuz, an dem der Herr gehangen, das Heil der Welt." Wie kann das Heil der Welt ein Kreuz sein? Ein Paradox, das zum Denken anregt. Die verschiedenen Vermögen unseres Geistes werden an ihre eigene Grenze getrieben; denn diese Wahrheit übersteigt die weltliche Logik. Aber genau dieser Widerstreit der Vermögen, dass die Vermögen sich gegenseitig zwingen, ihre eigene Grenze zu überschreiten, - das ist ein wesentliches Merkmal des Erhabenen.

Bei der persönlichen Kreuzverehrung verdichtet sich das Ritual: jeder Einzelne hat die Möglichkeit und den Raum, vor diesem Kreuz Christi sich des eigenen Kreuzes bewusst zu werden, die eigene Unlust, Angst und Ablehnung vor diesem eigenen Kreuz zu spüren und gleichzeitig - wohl unbestimmt - zu verstehen oder nach diesem Verständnis zu suchen, dass nur in diesem Kreuzweg die Wahrheit und die Fülle des Lebens liegt.

2.3. Die Ermöglichung der Erfahrung des Erhabenen in der Osternacht

Ohnmacht und Macht

Natürlich ist die Osternacht ein Fest der Freude: Frohlocket, ihr Chöre der Engel! Die Liturgie der Osternacht würde aber keinen Raum für die Erfahrung des Erhabenen bereitstellen, wenn sie eine naive Freude, eben ein Happy End, zelebrieren würde. Die Osternacht beginnt in der Dunkelheit. Der erste Teil dieser Liturgie ist die Lichtfeier. Die Osterkerze, als Zeichen für den Auferstandenen, wird in die dunkle Kirche getragen. Haben wir hier nicht schon unseren Kontrast von Unlust und Lust, von Ohnmacht und Macht?

Möglicherweise, aber nicht notwendigerweise! Denn Symbole sind nicht eindeutig. Der Kontrast von Licht und Dunkelheit kann folgendermaßen verstanden werden: das Licht braucht die Dunkelheit, um als Licht zu erscheinen. Nietzsche hat diese Denkfigur kritisiert. Bei der Formulierung "du bist böse, also bin ich gut" brauche ich den anderen als Negativfolie, um mich als gut hinstellen zu können. Dagegen stellt Nietzsche die Formulierung: "ich bin gut, also bist du böse." Eine Person, die diese Formulierung ausspricht, bejaht sich selbst und braucht für diese Selbstbejahung keine Negativfolie.[51] Jesus erscheint nicht in Absetzung zu seinen Mördern als

51 Vgl. Deleuze: Nietzsche und die Philosophie, Hamburg 1991, S.130 f.

der gute Mensch. Er ist von sich aus der Höhepunkt der Schöpfung. Seine Botschaft vom Reich Gottes, sein Umgang mit dem Menschen usw. bezeugt dies.
Der Kontrast von Unlust und Lust im Erhabenen, das schwierige Verhältnis von Ohnmacht und Macht bei Jesus Christus und damit in jedem christlichen Leben ist von anderer Art. Denn die Unlust und die Ohnmacht sind nicht die Negativfolie. Denn sie werden nicht abgelehnt, sondern im Leiden bejaht! (Und hier gehen wir über Nietzsche hinaus; ihm war das nicht möglich zu denken.) Und deswegen trägt der Auferstandene noch seine Wundmale.

Der übergroße Bogen der Heilsgeschichte

Wir haben bis jetzt mit dem Dynamisch-Erhabenen gearbeitet. Die neun biblischen Lesungen in der Osternacht, sieben aus dem Alten Testament, eine Briefstelle und das Evangelium, eröffnen den Raum, eine Erfahrung ähnlich dem Mathematisch-Erhabenen zu machen. Was ich hier ausführen möchte, ist in der Überschrift dieses Abschnittes schon ausgedrückt: Der übergroße Bogen der Heilsgeschichte.
Die Einbildungskraft ist überfordert in ihrer Aufgabe, die mannigfaltigen Bilder und Erzählungen von neun Lesungen in einen Gesamteindruck zusammenzufassen. Vielleicht ist das vergleichbar mit dem Hören eines langen Satzes aus einer Bruckner-Symphonie (z.B. Adagio der 9. Sinfonie). Ein Lied oder ein einfaches Menuett kann die Einbildungskraft leicht erfassen. Der ganze musikalische Bogen ist leicht nachvollziehbar. Eine Überschau über das ganze Stück ist leicht rekonstruiert von der Einbildungskraft. Das ist bei Bruckner nicht mehr möglich. Und ebenso ist es mit den neun Lesungen in der Osternacht.
Sowohl von der Menge als auch vom Inhalt her wird in der Osternacht die Einbildungskraft überfordert. Denn es geht inhaltlich ja um nichts Geringeres als um den ganzen Bogen der Heilsgeschichte: Schöpfung, Abraham, Befreiung aus Ägypten, Wege, Irrwege des Volkes Israel aus der Sicht der Propheten und Hoffnungszeichen Gottes und zuletzt Jesus Christus als der Höhepunkt der Offenbarung. All diese Lesungen sind äußerst ansprechend für die Einbildungskraft; man denke nur an das schöne Bild vom "Herz aus Stein" und "Herz aus Fleisch". Die Vernunft weiß um den großen Bogen der Heilsgeschichte, und treibt die Einbildungskraft an: aber diese kann die Vielzahl der Bilder nicht zusammenfassen. Diese Unlusterfahrung kann uns zu einem Staunen über die Größe Gottes führen. Das Lob Gottes wird dann zu erhabenen Lusterfahrung.
Damit die Unlusterfahrung der Zuhörer nicht zu groß wird, wird in der Praxis nur ein Teil der Lesungen aus dem Alten Testament vorgetragen. Wahrlich: Wenn man in der Osternacht alle neun Lesungen vorlesen lässt, dann muss man gute Lektoren haben, die interessant und spannend lesen können. Ansonsten stellt sich eine nicht zweckdienliche Unlusterfahrung ein.

Was zu denken zwingt: Begegnungen mit der Heilsgeschichte

Betrachten wir die Lesungen etwas genauer. Wer sich auf eine oder auf mehrere Lesungen wirklich einlässt, wer eine echte Begegnung mit einem Text der Heiligen Schrift eingeht (und das kann ohne weiteres in der Osternacht selbst beim Zuhören geschehen), kann zum Denken angeregt werden. Die geistigen Vermögen (Sinnlichkeit, Einbildungskraft, Erinnerungsvermögen, Verstand und Vernunft) werden dann in diesem Denkprozess nicht harmonisch zusammenspielen, sondern sich gegenseitig an ihre Grenzen führen. Fragen, Probleme, Sackgassen und Paradoxien tauchen auf. Aber genau diese Fragen, Probleme, Sackgassen und Paradoxien führen uns zu neuen Denkweise, zu neuen Sichtweisen und zu neuen Weisen des Fühlens und Handelns. Und sie können uns dazu führen, über die Größe Gottes zu staunen und ihn zu preisen. Vielleicht ist der Schlusspunkt dieses Prozesses dann das anbetende Schweigen vor Gott. Gerade die Lesungen aus der Osternacht drängen uns, solche Denkprozesse zu beginnen. Ich möchte dies an einem Beispiel verdeutlichen.

Die Lesung aus dem Buch Genesis, in der Gott Abraham auf die Probe stellt, kann zum Denken anregen. Fragen tauchen auf: Warum befiehlt Gott, dass Abraham seinen einzigen Sohn opfern soll? Warum wehrt sich Abraham nicht, obwohl Gott ihm etwas ganz anderes verheißen hat? Zu welchen Denkprozessen eine solche biblischen Lesungen anregen kann, zeigt das Buch "Furcht und Zittern" von Kierkegaard. Am Anfang malt Kierkegaard vier Stimmungsbilder; seine Einbildungskraft kann sich nicht eindeutig ausdrücken. Vier Variationen sind nötig, um das Unbeschreibliche zu beschreiben. In der Lobrede auf Abraham kommt Kierkegaard zum Paradox des Glaubens: "Aber Abraham glaubte und zweifelte nicht, er glaubte das Widersinnige."[52] Der biblische Text regt ihn an, grundsätzliche philosophische Fragen zu stellen. "Gibt es eine teleologische Suspension des Ethischen?" Hier möchte Kierkegaard die Ethik von Kant überschreiten. "Das Ethische ist als solches das Allgemeine"; darf dann ein einzelner aus dieser allgemeinen Ordnung aus bestimmten Gründen ausscheren? Du sollst nicht töten, dies ist das allgemeine ethische Gesetz - und Abraham soll doch seinen Sohn opfern? "Gibt es eine absolute Pflicht gegen Gott?" und das letzte Problem bei Kierkegaard: "War es ethisch verantwortbar von Abraham, dass er sein Vorhaben vor Sarah, Elieser und Isaak verschwieg?"[53]

Natürlich ist es in einer Osternacht nicht möglich, in einer solchen Ausführlichkeit über die Lesungen nachzudenken wie Kierkegaard in seinem Buch. Aber wir sollten uns doch fragen, durch welche Gestaltung wir in der Osternacht oder in einem anderen Gottesdienst einen Raum schaffen, damit Gottesdienstbesucher bei der einen oder anderen Lesung dazu ermuntert werden, ins Denken zu kommen. Der Gottesdienst über die Geburt des Johannes des Täufers kann ein Beispiel sein, wie es sogar in einem Familiengottesdienst möglich ist, erhabene Erfahrungen anzusprechen (vgl. die vier Beispiele im Meditationstext). In der Predigt wird mit dem Ausdruck

52 Kierkegaard, S.: Furcht und Zittern, Frankfurt 1994, S. 20.

53 Kierkegaard, S.: Furcht und Zittern, Frankfurt 1994, S. 49.62.75.

"einen Knoten im Kopf" versucht, auf einfache Weise das diskordante Zusammenspiel der Vermögen auszudrücken: wenn man durch eine Begegnung zum Denken angeregt wird und die Vermögen an ihre Grenze gelangen, dann hat man "einen Knoten im Kopf".
Was aber die Menschen am meisten zu Denken anregt, ist der Tod. Franz Rosenzweig beginnt deswegen sein Werk "Der Stern der Erlösung" mit Gedanken über den Tod: "Vom Tode, von der Furcht des Todes, hebt alles Erkennen des All an. Die Angst des Irdischen abzuwerfen, dem Tod seinen Giftstachel, dem Hades seinen Pesthauch zu nehmen, des vermißt sich die Philosophie. Alles Sterbliche lebt in dieser Angst des Todes, jede neue Geburt mehrt die Angst um einen neuen Grund, denn sie mehrt das Sterbliche. [...] Aber die Philosophie leugnet diese Ängste der Erde."[54]
Wir feiern in der Osternacht nichts Geringeres als die Überwindung des Todes. Hinzu kommt, dass die Auferstehungsberichte selbst befremdlichen Charakter haben. Wie können wir es erreichen, dass diese bekannten Texte uns befremden, uns zum Denken anregen, "einen Knoten im Kopf" fabrizieren und uns wieder zum Staunen und Loben führen? Die Predigt ist dafür sicherlich ein entscheidender Ort.
Ich möchte noch erwähnen, dass nicht nur in den Lesungen solche "Begegnungen" möglich sind; man denke zum Beispiel nur an den Satz aus dem Osterlob: o glückliche Schuld, welch großen Erlöser hast du gefunden!

2.4. Erhabenheit in thematischen Gottesdiensten

Es wurde deutlich, dass die erhabene Erfahrung in eine religiöse Erfahrung münden kann. Und ebenso wurde deutlich, dass viele religiöse Erfahrungen die Struktur des Erhabenen aufweisen. Daraus ergibt sich, dass nicht nur die Gottesdienste am Karfreitag und Ostersonntag Raum für die Erfahrung des Erhabenen eröffnen. Da jedes Hochgebet uns an Gründonnerstag, Karfreitag und Ostersonntag erinnert, weist jedes Hochgebet Erhabenheit auf. Aber auch im Wortgottesdienst von Kinder und Jugendgottesdiensten kann das Erhabene aufscheinen.
Schauen wir uns dazu zwei Beispiele an:

54 Rosenzweig, F.: Der Stern der Erlösung, Frankfurt 1990, S. 3.

Ein Familiengottesdienst zum Thema „Nachfolge"

Der inhaltliche Bogen dieses Familiengottesdienstes besteht aus vier Elementen:
Das Szenenspiel stellt eine Situation vor, die ganz im Lebensbereich von Grundschülern verortet ist. Die Kinder im Gottesdienst könnten eine ähnliche Situation selbst schon erlebt haben. Das zweite Element ist das Evangelium vom 3. Sonntag im Jahreskreis, Lesejahr B. Jesus fordert Simon und Andreas auf, ihm nachzufolgen. Das dritte Element, die Predigt, erläutert, inwiefern das Szenenspiel und das Evangelium sich gegenseitig erhellen. Denn beide Geschichte beinhalten einen Aufbruch ins Ungewisse, ein Wagnis und gleichzeitig eine Erfüllung eines Herzenswunsches. Der Vergleich der zwei Arten von Sätzen mit Ausrufezeichen soll in einfacher Weise ein Gespür vermitteln für die zwei Quellen der Moral und der Religion, wie sie Bergson beschrieben hat. Die folgende Aktion soll symbolisch einladen, die Nachfolge Jesu auch im eigenen Leben zu beginnen, etwas Neues zu wagen und dem eigenen Herzenswunsch zu folgen.

Kyrie

1. Herr unser Gott, oft wissen wir nicht, wo unsere Freunde sind.
2. Herr unser Gott, oft sind wir blind für deinen Willen.
3. Herr unser Gott, oft fehlt uns Mut und Schwung, aus dem Gewohnten auszubrechen und unseren Glauben zu bekennen.

Geschichte

Erzähler: Stefan ist ein kleinerer stillerer Junge, der wenige Freunde hat in seiner Klasse. Eines Tages muss er für fünf Wochen auf Kur. Er hat schweres Asthma. Die Ärzte sagen, dass Luftveränderung und intensive Behandlung für Stefan gut wäre, daher sollte er auch weit weg fahren, bis nach Berchtesgaden. Zwei Wochen, nachdem er in Kur gefahren ist, unterhalten sich seine Mitschüler Felix, Carolin und Andreas im Pausenhof.
Felix: Zwei Wochen ist Stefan nun schon weg.
Carolin: Das ist mir gar nicht aufgefallen. Naja, er ist ja auch nicht aufgefallen, wenn er da war.
Andreas: Was er jetzt wohl macht? Ob so eine Kur schön ist?
Felix: Er muss auf jeden Fall nicht in die Schule.
Carolin: Ich möcht mich aber nicht ständig von irgendwelchen Ärzten untersuchen lassen.
Andreas: Wir könnten ihn ja mal besuchen. Er würde sich sicherlich riesig freuen.
Felix: So gut war ich mit ihm nun auch wieder nicht befreundet.
Carolin: Ich eigentlich auch nicht.
Andreas: Ist das ein Grund dagegen?
Carolin: Und wie sollen wir von hier nach Berchtesgaden kommen? Meine Eltern fahren uns jedenfalls nicht dahin. Und mit dem Zug fahren - allein - das können wir auch nicht.

Felix: Nee Carolin, das ist zu kompliziert.
Andreas: Ihr habt wohl recht, war ja nur so eine Idee.
Erzähler: Da war die Pause aus und Stefan war wieder vergessen. Daheim dachte Andreas wieder an Stefan und an die Idee, ihn zu besuchen. Aber erst einmal freute er sich auf Tante Tina, die heute zu Besuch kommen wollte. Es war immer sehr schön, mit Tante Tina zu reden. Als Tante Tina nun da war und man sich schon über alles mögliche ausgetauscht hatte, fragte Tante Tina:
Tante Tina: Wie geht es deinen Klassenkameraden?
Andreas: Ach ganz gut, bis auf Stefan, er musste zur Kur wegen seinem Asthma.
Tante Tina: Und - besucht ihr ihn?
Andreas: Ach nein, erstens ist es zu weit. Keiner der Eltern fährt uns für einen Tag nach Bergtesgaden. Mit dem Zug können wir auch nicht alleine fahren. Das erlauben die Eltern nicht. Außerdem, soo ein guter Freund von mir ist Stefan auch nicht.
Tante Tina: Paß auf! Ich mach dir einen Vorschlag. Am Samstag fahr ich mit Dir und Deinen zwei Freunden, Carolin und Felix, nach Berchtesgaden. Die Bahnfahrt mit dem Wochenendticket spendier ich euch. Und jetzt gehen wir zu den Eltern deiner Freunde und erzählen ihnen diese Idee. Komm mit! Den Spaziergang können wir gleich machen.
Andreas: Klasse! Da mach ich mit. So etwas haben wir uns allein nicht getraut zu machen. Aber wenn du sagst: Komm mit! Das ist Spitze.
Erzähler: Tante Tina und Andreas besuchten gleich Carolin und Felix und deren Eltern. Und am Samstag ging es los - nach Berchtesgaden zu Stefan.

Predigt:
Die Geschichte von Andreas, Carolin und Felix hat viele Ähnlichkeiten zu der Geschichte der Berufung der ersten Jünger.
Andreas hat die Idee, Stefan in der Kur zu besuchen. Aber er hat nicht die Kraft und die Möglichkeiten. Seine beiden Freunde sind sehr vernünftig.... Aber Tante Tina schafft es, ihn zu diesem Sprung zu bewegen. Sie geht voran und hilft. Erst mit Tante Tina kann er die gute Idee verwirklichen. Durch ihren Ruf: Kommt mit! kann er das Gewöhnliche verlassen und etwas Außergewöhnliches machen.
Jesus sagt zu den Jüngern: Folgt mir nach! Sie verlassen ihren normalen Beruf. Auch sie tun damit etwas Außergewöhnliches. Sogar viel stärker als die drei Kinder mit Tante Tina (die Kinder nur für einen Tag, die Jünger für ihr ganzes Leben).
Es gibt noch eine Gemeinsamkeit: Die Tante Tina bringt den Andreas dazu, seinem eigenen innersten Herzenswunsch und nicht den vernünftigen Argumenten seiner Freunde zu folgen.
Ich glaube, Jesus ermuntert die Jünger auch, ihrem innersten Herzenswunsch zu folgen: Gott ganz zu folgen und die Menschen für die frohe Botschaft von Jesus zu begeistern. Sie entdecken ihren eigentlichen Beruf: Menschenfischer!

Jetzt muss ich euch etwas erklären, das vielleicht etwas schwierig zu verstehen ist. Trotzdem kennt ihr das alle aus eurem Leben. In der Schule gibt es Hausaufgaben, die müßt ihr machen. Der Lehrer sagt: Du machst die Hausaufgabe! In der Schule gibt es auch Regeln: Du sollst nicht schwätzen! Du schwätzt nicht! Sicherlich bekommst du manchmal Befehle von deinen Eltern: Deck den Tisch! All das sind Aufgaben, Regeln, Befehle!

Bei Hausaufgaben, Regeln in der Schule usw. gibt es immer einen Druck, der bewirkt, dass alle sich letztlich an die Regeln und Aufgaben halten. All das ist absolut notwendig für den normalen, gewöhnlichen Ablauf im Leben. Es ist auch gut so. Es ist ganz gewöhnlich und normal, dass ihr in die Schule geht und deine Eltern zur Arbeit. Und ob in der Schule oder in der Arbeit muss jeder dem Druck der Befehle und Regeln gehorchen.

Tante Tina sagt: Komm mit! Jesus sagt: Folgt mir nach! Das ist etwas völlig anderes. Beide Sätze haben zwar auch ein Ausrufezeichen. Aber da gibt es keinen Druck. Sondern diese Rufe "Komm mit!" und "Folgt mir nach!" sind anziehend, sie ermuntern zu einem Aufschwung:

Jetzt machen wir etwas Neues, etwas Außergewöhliches. Wir wagen es: wir wollen unser Herz öffnen.

Man braucht für diesen Aufschwung ein Vorbild, das vorausgeht, dem wir nachfolgen, weil es uns begeistert.

Jesus will uns nicht neue Regeln geben. Er will nicht durch Druck die Menschen verändern. Das macht die Gesellschaft. Jesus will uns ermuntern zu einem Aufschwung, zu einem Sprung!

Einladung zu einer Entdeckungsreise: Wo ergeben sich in meinem Leben Möglichkeiten, ein Ruf, aus dem Gewöhnlichen herauszutreten und zu wagen, das Herz zu öffnen. Die Geschichte kann uns zeigen, dass es nicht immer viel sein muss.

Manche werden dann entdecken, das habe ich ja schon paar Mal in meinem Leben auch gemacht und habe dabei andere mitgerissen. Dann waren wir in diesem Augenblick Menschenfischer: wir haben andere ermuntert, einen Sprung zu wagen und das Herz zu öffnen.

Kleine zeichenhafte Aktion:

"Komm mit!" sagen die Erwachsenen vom Familiengottesdienstvorbereitungskreis zu allen Kindern. Die Kinder kommen vor in den Altarraum.

"In den Fürbitten wollen wir für uns, besonders für die Kinder bitten, dass wir die Kraft bekommen, den ermunternden Ruf Gottes, der uns durch andere Menschen oder Ereignisse ereilen kann, zu folgen."

Fürbitten

1. Für diese Kinder und für uns alle. Gib uns den Mut und die Kraft, dass, wenn du uns rufst, wir alles stehen und liegen lassen und deinem Ruf folgen.

2. Wir denken an alle, die eine schwierige Aufgabe erwartet. Gott behüte und begleite sie und laß sie an dieser Aufgabe wachsen.
3. Stärke die Christen, damit sie ein Netz der Güte und Hilfe auslegen, mit dem Schwache aufgefangen werden.
4. Schenke unserer Welt immer wieder Menschen, die durch ihren unerschütterlichen Glauben andere für dich gewinnen.

Erhabenheit zeigt sich in diesem Gottesdienst in der Geschichte und noch viel mehr im Evangelium. Die Kinder wie die Jünger Jesu wagen etwas, was sie sich eigentlich gar nicht völlig vorstellen können. Eine Reise nach Berchtesgaden, um ihren Schulkameraden in der Kur zu besuchen; das alte gewohnte Leben verlassen und Jesus nachfolgen - das übersteigt die Einbildungskraft. Diese Unsicherheit kann Angst machen. Gleichzeitig wird ein Herzenswunsch gespürt, eine Idee von etwas Größerem gefühlt. Und deswegen haben die Kinder wie die Jünger den Mut, das Wagnis einzugehen.
Indem der Gottesdienst die erhabenen Entscheidungen von den Kindern und den Jüngern vorstellt, haben die Gottesdienstbesucher die Möglichkeit, sich selber zu fragen: was ist mein Herzenswunsch, für den ich ein Wagnis eingehen würde? Wie könnte bei mir Nachfolge Jesu ausschauen, auch wenn diese Nachfolge meine Einbildungskraft übersteigt?

Familiengottesdienst: Geburt des Johannes des Täufers

Dieser Gottesdienst soll einerseits die ungewöhnliche Geschichte um die Geburt des Johannes des Täufers im Lukasevangelium erhellen und andererseits die Haltung des Staunens, des Sich-Verwunderns bewusst machen. Im Eröffnungsteil werden die Kinder in zwei Schritten zum Thema hingeführt. Es empfiehlt sich, das Evangelium (Lukas 1,5 - 25 und 57 - 80) in verteilten Rollen zu lesen und den Text aus der Schulbibel zu nehmen.

Hinführung zum Thema im Eröffnungsteil:
1. Schritt: Es wird ein Bild von einem Kind mit offenem Mund gezeigt, das staunt
"Habt Ihr auch schon einmal so geschaut, hat es euch auch schon einmal die Sprache verschlagen?" Kinder erzählen und berichten von ihren eigenen Erlebnissen.

2. Schritt Meditationstext:
"Wir wollen euch noch einige Beispiele erzählen. Höre gut zu und stelle dir vor, wie es ist, wenn du es erleben würdest."
1. Ich entdecke in einem Strauch ein Nest mit jungen Vögeln. Sie machen ihre ersten Flugversuche. Ich muss ganz leise sein, damit ich die Vögel nicht aufschrecke. Aber auch so halte ich den Mund offen und atme fast gar nicht mehr, weil ich ganz fasziniert bin. Ich sehe wirklich wie junge Vögel das Fliegen lernen.
2. Vor kurzem bin ich in den Zirkus gegangen. Als bei der einen Nummer die Akrobaten durch die Luft flogen, sich gegenseitig wieder auffingen und bei ihren Sprüngen auch noch Saltos vollzogen, war ich hin und weg. Ich konnte es nicht fassen: Wie kann man so viel Mut haben? Wie kann man so sicher durch die Luft fliegen?
3. Im Advent ging ich einmal mit meinen Eltern ganz früh, als es noch richtig dunkel war, in die Kirche zu einem Gottesdienst. Ich sollte vorausgehen. Ich öffnete die Kirchentüren. Die Kirche war fast ganz dunkel. Nur einige Kerzen brannten. Es war eine ganz ruhige, besinnliche Stimmung. So hatte ich die Kirche noch nie gesehen. Ich konnte gar nichts mehr sagen - und wollte auch gar nichts sagen. Ich staunte und ließ alles auf mich wirken. Mir hat es die Sprache verschlagen.
4. Gestern Abend war ein Gewitter. Als es anfing, waren wir gerade auf einem Spaziergang. Wir liefen schnell heim. Als wir daheim waren, setzte ich mich vors Fenster und schaute hinaus: da wieder ein Blitz! Eine knappe Sekunde lang war der dunkle Himmel ganz hell erleuchtet - und kurz drauf ein lautes Krachen und Donnern. Mit offenem Mund drückte ich meine Nase gegen die Scheibe, damit ich alles genau mitbekommen konnte. Ein bisschen mulmig und doch ganz fasziniert saß ich sprachlos eine halbe Stunde da und sah hinaus.

Evangelium: Lukas 1,5 - 25 + 57 - 80

Predigt:

Schauen wir uns noch einmal das Bild des Jungen an.

Die Augen sind weit geöffnet. Man merkt: dieser Junge bewegt sich gerade nicht. Er ist wie gespannt. Sein Mund ist leicht offen, aber man sieht genau: er sagte kein Wort.

Wie sagen wir zu so einem Blick: Er ist verwundert, er staunt, ihn hat es die Sprache verschlagen.

Ich glaube: so ähnlich muss Zacharias auch geschaut haben, als er im Tempel einen Engel begegnet ist. Und dann kündigt der Engel auch noch etwas an, das unglaubwürdig ist: er und seine Frau sollen ein Kind bekommen, obwohl sie doch so alt sind.

Wir wollen mal versuchen, uns in den Zacharias hinein zu versetzen, damit wir vielleicht dadurch verstehen können, warum er bis zur Geburt seines Sohnes stumm geblieben ist.

Stell dir also vor, du und deine Frau sind wirklich schon recht alt. Eines Tages begegnet dir ein Engel. Das ist ja schon ungewöhnlich. Schon das kann einem die Sprache verschlagen.

Aber dann verkündet der Engel, dass du und deine Frau trotz des hohen Alters ein Kind, einen Junge bekommen sollen. Dieser Junge soll etwas ganz Besonderes sein. Er wird viele Menschen zu Gott hin führen, viele Menschen zu Gott bekehren.

Du schaffst es gerade noch, eine sehr vernünftigen Einwand zu sagen. Aber der Engel will davon nichts hören. Wie fühlst du dich danach?

Kennt ihr den Satz: das geht mir nicht in den Kopf hinein! Diesen Satz sagst du doch, wenn etwas passiert, das du nicht verstehst, das zu deiner üblichen Erfahrungen nicht passt, das zu dem, wie du dir die Welt vorstellst, nicht passt. Dann sagst du: das geht mir nicht in den Kopf hinein!

Genauso fühlte sich Zacharias: Es ging ihm nicht in den Kopf hinein, er verstand das nicht, es passte nicht zu seiner Vorstellung von Welt. Er sollte einen Sohn bekommen? Dieser sollte Menschen zu Gott führen, in einer ganz außergewöhnlichen Weise? Das war zu hoch für ihn.

Zacharias hatte sozusagen einen Knoten im Kopf. Er konnte nicht anders als stumm sein. Dieses Wunder konnte er nicht anders verarbeiten als im Schweigen. Dieses Wunder hatte ihm die Sprache verschlagen.

Als aber das Kind geboren war, geschah auch etwas mit Zacharias. Jetzt konnte er das Wunder annehmen. Der Knoten im Kopf hatte sich gelöst und er konnte sagen: der Wille Gottes geschehe, auch wenn der größer ist als meine Vorstellung.

Deswegen bekommt das Kind auch den Namen, den Gott für es bestimmt hat: Johannes. Dieses Kind soll ganz Gott gehören, weil es Gott auch geschenkt hat.

Jetzt werden vielleicht einige sagen: eine schöne Geschichte, aber mir begegnet bestimmt kein Wunder.

Wir haben ganz bewusst am Anfang des Gottesdienstes vier Beispiele genannt, dass auch wir heute "Wunder" erleben können.

Zum Beispiel die ersten Flugversuche von jungen Vögeln, die imposanten Leistungen von Akrobatik im Zirkus, eine dunkle Kirche ganz in der Frühe, ein Gewitter.
Wir haben zwei Möglichkeiten: entweder schnell weiter gehen, oder einmal stehen bleiben. Wenn ich stehen bleiben, genau hin schaue, dann kann ich ins Staunen kommen, werde ich still, verschlägt es mir die Sprache. Ja es kann so weit gehen, dass ich das Gefühl habe: die Welt, dass es sie überhaupt gibt, ist das größte Wunder! - und dieses Wunder erlebe ich jetzt! Darüber kann ich nur stumm sein!
Ein zweites können wir von Zacharias lernen: nach dem Stummsein kommt, dass ich Gottes Willen bejahe: dein Wille, Gott, geschehe!
Wenn wir Gottes Willen zustimmen, dann können wir auch Gott mit ganzem Herzen loben wie Zacharias, der sagt: Gepriesen sei der Herr!

Fürbitten:

- Herr, lass uns in der Hektik des Alltags auch Momente der Stille erleben.
- Herr, unser Gott, dein Wille ist uns oft fremd und unverständlich. Führ uns dazu, dass wir deinen Willen und deine Wege annehmen.
- Allmächtiger Gott, gib uns großen Glauben und großes Vertrauen zu dir.
- Herr, wie oft sind wir sprachlos, wenn ein lieber Mensch von uns geht. Hilf uns unsere Trauer zu bewältigen und einen neuen Glauben zu Auferstehung zu erlangen.

Das Staunen stellt sich besonders beim Mathematisch-Erhabenen immer ein. Besonders das Beispiel der Zirkusakrobaten und das Beispiel vom Gewitter beschreiben erhabene Erfahrungen. Noch viel mehr wird Zacharias von einer erhabenen Erfahrung ergriffen. Der Engel und seine Botschaft übersteigt seiner Einbildungskraft. Die Geschichte zeigt sehr gut, dass eine große erhabene Erfahrung verarbeitet sein will. Es braucht Zeit, bis das Unbegreifliche so in Zacharias eingedrungen ist, dass er - wenn auch immer noch in der Haltung des Staunen - darüber reden kann.
Die Gottesdienstteilnehmer haben die Möglichkeit, durch diese Geschichte zu spüren, dass unser Gott erhaben ist und erhaben erfahren wird. Können wir auch eine Idee von ihm haben, übersteigt diese Ahnung alles Vorstellbare. Staunen und Danken ist deswegen die adäquate Antwort auf diesen erhabenen Gott.

4. Liturgische Genies

In der Kunst gibt es Genies: Bach, van Gogh, Goethe, Furtwängler, Hitchcock ... Gibt es auch in der Liturgie Genies? Gibt es Priester bzw. Zelebranten, die man in einem direkten und nicht metaphorischen Sinne als liturgische Genies bezeichnen kann? Jeder Gottesdienstbesucher kennt die Erfahrung, dass ein Gottesdienst mit dem Priester X häufig als mitreißend, erhebend und schön erlebt wird, und ein Gottesdienst mit dem Zelebranten Y häufig ganz andere Beurteilungen und Empfindungen hervorruft. Aber diese Erfahrung allein reicht nicht aus, um mit gutem Recht eine ästhetische Kategorie in die Liturgie zu übertragen. Diese Kategorie muss dem liturgischen Anliegen adäquat sein. Dass dies möglich ist, wollen wir ausgehend von drei Philosophen aufzeigen.

1. Genie bei Kant:

Nach der Analytik des Schönen und des Erhabenen folgt in der Kritik der Urteilskraft die Deduktion der reinen ästhetischen Urteile und die Kunsttheorie. Im letzteren Abschnitt beschäftigt sich Kant auch mit dem Begriff des Genies. Ein Künstler, ein Genie ist mehr als ein Handwerker. Der Handwerker kennt alle Regeln seiner Herstellungskunst und kann sie anwenden - dies ist notwendig, um ein Künstler zu werden; reicht aber alleine nicht aus.

"Genie ist das Talent (Naturgabe), welches der Kunst die Regel gibt. Da das Talent, als angebornes produktives Vermögen des Künstlers, selbst zur Natur gehört, so könnte man sich auch so ausdrücken: Genie ist die angeborne Gemütsanlage (ingenium), durch welche die Natur der Kunst die Regel gibt." (KU A177f) Das Genie verfügt über ein nicht-begriffliches Vermögen, mit dem es selbst "neue" ästhetische Regeln für ein Kunstwerk schaffen kann.

"Denn eine jede Kunst setzt Regeln voraus, durch deren Grundlegung allererst ein Produkt, wenn es künstlich heißen soll, als möglich vorgestellt wird. Der Begriff der schönen Kunst aber verstattet nicht, dass das Urteil über die Schönheit ihres Produkts von irgend einer Regel abgeleitet werde, die einen Begriff zum Bestimmungsgrunde habe, mithin einen Begriff von der Art, wie es möglich sei, zum Grunde lege. Also kann die schöne Kunst sich selbst nicht die Regel ausdenken, nach der sie ihr Produkt zu Stande bringen soll. Da nun gleichwohl ohne vorhergehende Regel ein Produkt niemals Kunst heißen kann, so muss die Natur im Subjekte (und durch die Stimmung der Vermögen desselben) der Kunst die Regel geben, d.i. die schöne Kunst ist nur als Produkt des Genies möglich." (KU A179) So brachten Komponisten wie Haydn und Mozart die Sonatenhauptsatzform hervor und vervollkommneten sie. Beethoven griff die Form auf, brach sie auf und ließ sie in verschiedenste Variationsrichtungen verzweigen. Diese

Komponisten folgten nicht starr einer vorgegebenen Regel, sondern entwickelten Regeln und Strukturen des Musikstückes organisch im Prozess des Komponierens selbst.

"Man sieht hieraus, dass Genie 1) ein Talent sei, dasjenige, wozu sich keine bestimmte Regel geben läßt, hervorzubringen: nicht Geschicklichkeitsanlage zu dem, was nach irgend einer Regel gelernt werden kann; folglich dass Originalität seine erste Eigenschaft sein müsse.

2) Dass, da es auch originalen Unsinn geben kann, seine Produkte zugleich Muster, d.i. exemplarisch sein müssen; mithin, selbst nicht durch Nachahmung entsprungen, anderen doch dazu, d.i. zum Richtmaße oder Regel der Beurteilung, dienen müssen.

3) Dass es, wie es sein Produkt zu Stande bringe, selbst nicht beschreiben, oder wissenschaftlich anzeigen könne, sondern dass es als Natur die Regel gebe; und daher der Urheber eines Produkts, welches er seinem Genie verdankt, selbst nicht weiß, wie sich in ihm die Ideen dazu herbei finden, auch es nicht in seiner Gewalt hat, dergleichen nach Belieben oder planmäßig auszudenken, und anderen in solchen Vorschriften mitzuteilen, die sie in Stand setzen, gleichmäßige Produkte hervorzubringen. (Daher denn auch vermutlich das Wort Genie von genius, dem eigentümlichen einem Menschen bei der Geburt mitgegebenen schützenden und leitenden Geist, von dessen Eingebung jene originale Ideen herrührten, abgeleitet ist.)

4) Dass die Natur durch das Genie nicht der Wissenschaft, sondern der Kunst die Regel vorschreibe; und auch dieses nur, in sofern diese letztere schöne Kunst sein soll." (KU A180)

Für Kant gibt es nur ästhetischen Genies. Wissenschaftler wie Einstein oder Newton können großartige Denker sein; doch sind sie nach der Definition von Kant keine Genies.

"Die Ursache ist, dass Newton alle seine Schritte, die er, von den ersten Elementen der Geometrie an, bis zu seinen großen und tiefen Erfindungen, zu tun hatte, nicht allein sich selbst, sondern jedem andern, ganz anschaulich und zur Nachfolge bestimmt vormachen könnte; kein Homer aber oder Wieland anzeigen kann, wie sich seine phantasiereichen und doch zugleich gedankenvollen Ideen in seinem Kopfe hervor und zusammen finden, darum weil er es selbst nicht weiß, und es also auch keinen andern lehren kann." (KU A181f) Den letzten Gedanken wollen wir festhalten: ein Genie weiß nie genau, wie er sein Werk fertig gebracht hat. Natürlich weiß er, dass er über gewisse handwerkliche Fähigkeiten verfügt. Und doch ahnt er und weiß er, dass diese offensichtlichen und erlernbaren Fähigkeiten die Schönheit seines Kunstwerkes nicht völlig erklären können. Dies führt uns weiter zu Schelling. Halten wir fest, dass bei Kant das Genie durch eine Differenz definiert ist: das Genie braucht einerseits handwerkliche Fähigkeiten und beachtet auch teilweise allgemeine Kunstregeln; aber andererseits schöpft es aus einem Vermögen, einem Talent, durch das es Originalität hervorbringen kann. Dieses Talent kann er sich aber selbst nicht erklären.

2. Genie bei Schelling:

Im "System des transzendenten Idealismus" kommt Schelling gegen Ende seines Werkes auf das Genie zu sprechen. Noch deutlicher als bei Kant erscheint hier die Differenz im Geniebegriff. Das Genie befindet sich am Ort der Differenz von Bewussten und Bewusstlosen. Kommt beides zusammen in einem Kunstwerk, so ist es nach Schelling Ausdruck des Absoluten.

"Dieses Unbekannte aber, was hier die objektive und die bewußte Tätigkeit in unerwartete Harmonie setzt, ist nichts anderes als jenes Absolute, welches den allgemeinen Grund der prästabilierten Harmonie zwischen dem Bewußten und dem Bewußtlosen enthält. Wird also jenes Absolute reflektiert aus dem Produkt, so wird es der Intelligenz erscheinen als etwas, das über ihr ist, und was selbst entgegen der Freiheit zu dem, was mit Bewußtsein und Absicht begonnen war, das Absichtslose hinzubringt.

Dieses unveränderlich Identische, was zu keinem Bewußtsein gelangen kann und nur aus dem Produkt widerstrahlt, ist für das Produzierende eben das, was für das Handelnde das Schicksal ist, d.h. eine dunkle unbekannte Gewalt, die zu dem Stückwerk der Freiheit das Vollendete oder das Objektive hinzubringt; und wie jene Macht, welche durch unser freies Handeln ohne unser Wissen, und selbst wider unsern Willen, nicht vorgestellte Zwecke realisiert, Schicksal genannt wird, so wird das Unbegreifliche, was ohne Zutun der Freiheit und gewissermaßen der Freiheit entgegen, in welcher ewig sich flieht, was in jener Produktion vereinigt ist, zu dem Bewußten das Objektive hinzubringt, mit dem dunkeln Begriff des Genies bezeichnet.

Das postulierte Produkt ist kein anderes als das Genieprodukt, oder, da das Genie nur in der Kunst möglich ist, das Kunstprodukt. [...] Dass alle ästhetische Produktion auf einem Gegensatz von Tätigkeiten beruhe, läßt sich schon aus der Aussage aller Künstler, dass sie zur Hervorbringung ihrer Werke unwillkürlich getrieben werden, dass sie durch Produktion derselben nur einen unwiderstehlichen Trieb ihrer Natur befriedigen, mit Recht schließen, denn wenn jeder Trieb von einem Widerspruch ausgeht, so, dass, den Widerspruch gesetzt, die freie Tätigkeit unwillkürlich wird, so muss auch der künstlerische Trieb aus einem solchen Gefühl eines inneren Widerspruchs hervorgehen. Dieser Widerspruch aber, da er den ganzen Menschen mit allen seinen Kräften in Bewegung setzt, ist ohne Zweifel ein Widerspruch, der das Letzte in ihm, die Wurzel seines ganzen Daseins, angreift. Es ist gleichsam, als ob in den seltenen Menschen, welche vor andern Künstler sind im höchsten Sinne des Worts, jenes unveränderlich Identische, auf welches alles Dasein aufgetragen ist, seine Hülle, mit der es sich in andern umgibt, abgelegt habe, und so wie es unmittelbar von den Dingen affiziert wird, ebenso auch unmittelbar auf alles zurückwirke. Es kann also nur der Widerspruch zwischen dem Bewußten und dem Bewußtlosen im freien Handeln sein, welcher den künstlerischen Trieb in Bewegung setzt, sowie es hinwiederum nur der Kunst gegeben sein kann, unser unendliches Streben zu befriedigen und auch den letzten und äußersten Widerspruch in uns aufzulösen."[55]

55 Boenke, M.: Schelling, Reihe Philosophie jetzt!, August 2001, S. 187f.

Was bei Kant noch wie eine spezielle Erklärung des Genies anmutete, bekommt bei Schelling eine grundsätzliche Tiefe. Die Differenz zwischen handwerklichem Können und Originalität, Kreativität beim Genie begründet Schelling mit der universalen Differenz von Bewußten und Bewußtlosen. Weil das Genie nicht völlig sein Werk bewusst vollbringt, erscheint ihm selber sein Werk nach der Vollendung als ein Wunder. Aber das Genie und sein Werk ist nicht die einzige "Erscheinungsform" dieser Differenz, von der wir in den letzten Abschnitten geredet haben. Sie kommt nur beim Genie in besonderer Weise zum Vorschein. Der Mensch selbst ist durch diese Differenz konstituiert. Schelling selbst spricht vom "Widerspruch, der das Letzte in ihm, die Wurzel seines ganzen Daseins" ist. Kierkegaard hat in unvergleichlicher Weise diese Differenz in seinem Werk "Die Krankheit zum Tode" beschrieben.

3. Kierkegaard: Das menschliche Selbst - eine gesetzte Differenz

Das Genie offenbart auf seine Weise das Menschsein. Kierkegaard hat versucht, dieses Menschsein auf den Begriff zu bringen. Der Mensch ist die Differenz von Unendlichkeit und Endlichkeit, von Zeitlichem und Ewigem, von Freiheit und Notwendigkeit. Er muss sich selbst zu dieser Differenz verhalten. Er kann dieser Differenz nicht ausweichen. Aber der Mensch hat diese Differenz, die sein Sein ausmacht, nicht selbst gesetzt. Gott, sein Schöpfer, hat ihn in diese Differenz gestellt. "Die Krankheit zum Tode" behandelt die verschiedenen Formen, in der sich der Mensch dieser Differenz nicht stellt. Dieses Nicht-bejahen ist Verzweiflung, Krankheit zum Tode. Man kann zum Beispiel einen Pol der Differenz erstreben und den anderen Polen leugnen. Oder man will sich nicht bewusst sein, dass man als Mensch in dieser Differenz steht. Oder man möchte diese Differenz selbst setzen anstatt zu bejahen, dass sie von Gott gesetzt ist. "Die Möglichkeit dieser Krankheit ist der Vorzug des Menschen gegenüber dem Tier, [...]; von dieser Krankheit geheilt zu sein ist die Seligkeit des Christen."[56]

4. Die Grunddifferenz des Menschen in einem Wort von Ignatius von Loyola

Echte Differenzen zeichnen sich dadurch aus, dass sie in vielerlei Variationen erscheinen. In diesen Variationen differenzieren sich diese echten Differenzen. Ich möchte den drei vorgestellten Variationen eine vierte hinzufügen.

"Vertraue so auf Gott, dass du dabei nie auf das (von ebendiesem Vertrauen wesentlich geforderte) Mittun vergisst; und dennoch: Tu so mit, dass eben dieses Mitarbeiten erfüllt bleibe vom Wissen um die alleinige Gewalt Gottes."[57] Ignatius fordert uns also auf, alles zu tun, was in unserer Macht steht. Aber gleichzeitig können und sollen wir uns bewusst sein, dass alles, was wir tun, nur durch Gottes Kraft möglich ist - ja besonders das Gelingen liegt ganz in seiner Hand.

---

56 Kierkegaard, S.: Die Krankheit zum Tode, Frankfurt 1984, S. 14f.

57 Rahner, H.: Ignatius von Loyola als Mensch und Theologe, Freiburg 1964, S.229.

In diesem "Paradox" stehen wir Christen, wir Menschen immer: einerseits gilt "Christus hat keine Hände, außer unsere Hände"; andererseits ist ebenso wahr: "Alles ist Gnade!"
In diesen Gedanken von Ignatius erkennen wir die theologische Formulierung der Differenz, wie sie Kant dem Genie zugesprochen hat.

5. Liturgische Genies

Wir wollen nun die vier Variationen der Differenz auf liturgisch Verantwortliche übertragen.
- Ein liturgisches Genie muss zu allererst sein Handwerk beherrschen. Es gibt vieles in der Liturgie, was erlernt werden kann und erlernt werden muss. Liturgie ist Pflege von Traditionen und Traditionen bestehen aus Regeln, die beachtet werden wollen.
- Regeln in der Liturgie müssen aber auch verstanden werden. Ein liturgisches Genie hat sowohl ein begriffliches als auch ein intuitives Verständnis vom Sinn der Liturgie.
- Dieses Verständnis ist bei einem liturgischen Genie nicht rein begrifflich und bewusst. Wenn wir auch von einem intuitiven Verständnis sprechen, wechseln wir zum anderen Pol unserer Differenz: zur unbewussten Seite.
- Aus diesem polar strukturierten Verständnis heraus und aus der Gabe der Kreativität und Originalität gestaltet ein liturgisches Genie einen Gottesdienst.
- Es bleibt ein letztes und besonders für die Liturgie wichtiges Merkmal zu benennen: das liturgische Genie weiß, dass es sich nicht selbst gesetzt hat, dass sein Tun Mittun ist und die alleinige Kraft Gottes das Grundlegende und die Ehre Gottes das Ziel ist.

Die letzte Eigenschaften zeigt sich häufig in einer angenehmen Bescheidenheit des liturgischen Genies. Es kann sich auch darin äußern, dass er transparent macht, wie sehr er selbst Suchender auf einen gemeinsamen Weg ist und selbst mit seinen Schwächen zu kämpfen hat.
Hier kommen wir zu einem entscheidenden Unterschied zwischen einem Genie der Schönen Künste und einem liturgische Genie. Wenn ein Schriftsteller, ein Maler oder ein Komponist charakterlich unangenehm ist, so ist er weiterhin ein künstlerisches Genie. Person und Werk lassen sich trennen; das Werk ist genial und kann die Person überleben. Ein liturgisches Genie, zum Beispiel ein Priester, der die Verantwortung für eine Pfarrei inne hat, muss auch mit seiner ganzen Person, seinem sonstigen Auftreten, Reden und Handeln glaubwürdig sein.

6. Ruhe und Spannung, Schönheit und Erhabenheit beim liturgischen Genie

Der Leser mag sich vielleicht schon gefragt haben: Wie soll nun eigentlich der Gottesdienst sein: schön oder erhaben? Man möchte nach den vorausgegangenen Ausführungen kurz antworten: die Form, die Elemente der Darstellung, das Bezeichnende soll schön sein; der Inhalt, das Bezeichnete soll erhaben sein. Aber es gibt beim Gottesdienst mehr als zwei Ebenen; und es kann zwischen ihnen mehrere Verweismöglichkeiten geben. Wenn zwei Ministranten mit Kerzen den Priester begleiten, wenn er mit dem Evangeliar zum Ambo geht, so ist das schön und verweist gleichzeitig auf die "erhabenen" Texte des Evangeliums. Ein Gleichnis daraus kann eine schöne

Geschichte sein; und doch verweist sie auf das erhabene Reich Gottes. Aber wo verwirklicht sich das Reich Gottes? Sicherlich auch in der Versammlung der Gemeinde, die mit den Gaben von Brot und Wein sich an das letzte Abendmahl erinnert. Aufgrund der vielen Ebenen in einem Gottesdienst kann ein Gottesdienst sowohl schön als auch erhaben sein.

Ein liturgisches Genie zelebriert sowohl einen schönen Gottesdienst als auch eröffnet er einen Raum für die Erfahrung des Erhabenen. Gerade im Zusammenspiel der schönen und erhabenen Aspekte bzw. Ebenen im Gottesdienst zeigt sich seine Genialität. Und alle Mittel der Ästhetik dienen dem Lob Gottes und der Nachfolge Christi.

Ganz konkret zeigt sich das in einem ausgewogenen Verhältnis zwischen Ruhe und Spannung, die das liturgische Genie im Gottesdienst ausstrahlt. Es ist wichtig für die Schönheit des Gottesdienstes, dass das Auftreten und die Ausstrahlung des Priesters, aber auch der anderen "Akteure" im Gottesdienst (Ministranten, Lektoren usw.), Ruhe, Sicherheit und klare Linie vermitteln. Im Fluss des Gottesdienstes muss sich aber eine Spannung, eine rote Linie, eine Dynamik entwickeln. Es geht dabei nicht um irgendeine Spannung; sondern es geht letztlich um die Grundspannung des menschlichen Lebens, um die rote Linie im Sinn unseres Lebens, um die Dynamik der Heilsgeschichte und ihrer Bedeutung für heute. Ein liturgisches Genie strahlt mit seiner Person aus, dass es diese Grundspannung selbst in irgendeiner Weise durchlitten hat, dass es die rote Linie im Sinn seines Lebens erahnt und an die Dynamik der Heilsgeschichte glaubt. Ein schöner und erhabener Gottesdienst drückt durch seine eigene Spannung und Dynamik auf gewisse Weise die Grundspannung des menschlichen Lebens und die Dynamik der Heilsgeschichte aus.

Deswegen ist es mitnichten nebensächlich, wenn zum Beispiel die Predigt zu lange dauert. Denn wenn viele Gottesdienstbesucher abschalten, heißt das, dass der Zelebrant es nicht geschafft hat, seine Zuhörer und Mitbeter in einen Spannungsbogen hineinzuführen und ihnen eine rote Linie aufzuzeigen. Wenn der Gottesdienst Sinnerfahrungen vermitteln soll, so ist der Rhythmus, das Tempo und die Länge des gesamten Gottesdienstes und der Einzelteile wesentlich, weil Sinnerfahrung in der Dauer der Zeit, im Fluss der Zeit geschieht.

5. Einige Überlegungen zur Predigt

Die Predigt ist ein Ort der Macht. Denn einer redet und die anderen müssen zuhören. Gerade in unserem europäischen Kulturkreis ist es nicht üblich, während der Predigt als Zuhörer eine Bemerkung loszulassen. Der Prediger hat auch keine begrenzte Redezeit wie die Abgeordneten im Deutschen Bundestag. Dass dies für manche Gottesdienstbesucher ein Problem ist, zeigt die bekannte Phrase: du kannst über alles predigen, nur nicht über 10 Minuten. Einen Ort der Macht muss man mit Verantwortung, Achtsamkeit und der Fähigkeit zu Kritikaufnahme besetzen; ansonsten missbraucht man diesen Ort. Wenn man aber diesen Ort der Macht mit Kompetenz, Verantwortungsgefühl usw. einnimmt, dann kann viel Fruchtbares durch diesen Ort geschehen.
Wir alle haben schon gute und schlechte Predigten erlebt: erhellende und aufrüttelnde oder heilende und friedvolle Predigten, aber auch langweilige oder ärgerliche Predigten. Auch wenn ich an dieser Stelle keine ausführliche homiletische "Theorie" ausführen kann und muss, bin ich davon überzeugt, dass einige Gedanken zur Predigt die Beispiele und die Überlegungen zum schönen und erhabenen Gottesdienst ergänzen.

1. Was man in einer Predigt vermeiden sollte

Die drei Punkte, die ich nun vorstellen möchte, benennen meiner Meinung nach grundsätzliche Fehler beim Predigen.

- Die Predigt sollte keine einfache Nacherzählung der Bibelgeschichte sein. Denn sonst fragt sich der Zuhörer: Die Geschichte haben wir doch schon einmal gehört, warum also doppelt? Natürlich können in der Predigt nacherzählende Elemente wertvoll sein. Sie sind es aber nur dann, wenn Bedeutungs- und Sinndimensionen des biblischen Textes in der Predigt insgesamt erhellt werden. Diese erscheinen aber nicht bei einer reinen Nacherzählung. Man muss den Text in der Predigt auch in irgendeine Richtung hin interpretieren. Wenn aber die Nacherzählung in besonderer Weise zum Beispiel das Empfinden anspricht, indem es zum Beispiel die verschiedenen fünf Sinne des Menschen anwendet und Aspekte der Geschichte "gerochen", "ertastet", "Live gehört",... werden, dann wird es für den Zuhörer eine Freude sein, seine Einbildungskraft frei spielen zu lassen.
- In der Predigt sollte man weder ständig Forderungen aufstellen noch über die böse Welt und die bösen Menschen schimpfen. Der Philosoph Spinoza hat die Einstellung dieser Art von Predigten vehement angegriffen: "Die Affekte, von denen wir mitgenommen werden, verstehen Philosophen als Fehler, in die die Menschen durch eigene Schuld verfallen. Deshalb pflegen sie sie zu belachen, zu beklagen, zu verspotten oder (sofern sie sich den Anschein besonderer Sittenreinheit geben wollen) zu verdammen. Sie glauben dergestalt etwas Erhabenes zu tun und

den Gipfel der Weisheit zu erreichen, wenn sie nur gelernt haben, eine menschliche Natur, die es nirgendwo gibt, in höchsten Tönen zu loben, und diejenige, wie sie wirklich ist, herunter zu reden. Sie stellen sich freilich die Menschen nicht vor, wie sie sind, sondern wie sie sie haben möchten"[58] Man muss nicht mit dem Menschenbild und der Philosoph Spinozas übereinstimmen, um die Zielrichtung seiner Kritik zu würdigen. Man sollte sich bei jeder Forderung, bei jedem Sollen-Satz erst einmal fragen, ob die betroffenen Personen das Vermögen haben, diese Forderung zu erfüllen. Wenn dies nicht der Fall ist, so muss man entweder daran arbeiten, das Vermögen der betroffenen Personen zu erweitern, oder man muss nach anderen Lösungen suchen. Das sollte auch der Weg in der Predigt sein. Allein nur Forderungen aufzustellen und später oder gleichzeitig darüber zu schimpfen, dass viele Menschen diese Forderungen nicht erfüllen, ist unredlich, auch wenn Predigten in einem solchen Stil oft wortgewaltig erscheinen. Denn der Zuhörer kann zu Recht zwei Fragen stellen: auf die Forderungen die Frage "Wie soll man das schaffen?" und auf das Schimpfen die Frage "Bist du, Prediger, besser?"

- Ebenso sollte man in einer Predigt nicht allgemein erzählen, dass Gott einen liebt, dass Gott gut ist usw. Der Zuhörer muss sich sonst fragen: wie soll ich und du und die anderen das erfahren? Wir kennen verschiedene Begriffe, um die Wahrnehmung dieses Fehlers zu benennen. Uns erscheint dann die Predigt mit leeren Phrasen bestückt, als zu allgemein und als frommes Gerede. Langeweile oder Ärger kommen bei den Zuhörern auf.

2. Die vier Dimensionen der Wandlung und die entsprechenden Vortragsweisen

Wie sollte aber eine Predigt dann sein? Ich möchte hier die Vorgehensweisen der Ethik von Spinoza aufgreifen. Deleuze findet in der Ethik von Spinoza drei verschiedene Tonlagen: Einerseits führt Spinoza in seinem Werk neue Begriffe ein (oder definiert alte Begriffe neu). Diese Begriffe vermitteln eine neue Art des Denkens. Andererseits spricht Spinoza durch sein Werk Affekte an. Traurige Affektes sollen vertrieben werden und freudige hervorgehoben oder hervorgebracht werden. Die Ethik ist nach Deleuze auch eine Quelle für neue Empfindungsweisen. Und zuletzt führt die Ethik den Leser zu neuen Perzepten, neuen Seh- und Hörweisen. Aber diese drei Ebenen verweisen auf eine vierte, die implizit in allen drei Ebenen vorhanden ist: die Ebene der Handlungsoptionen. Begriffe, die neuen Denkweisen, Affekte, die neuen Empfindungsweisen, und Perzepte, die neuen Seh- und Hörweisen führen zu neuen Verhaltensweisen und Handlungen.[59]

Auf diesen vier Ebenen geschieht Wandlung. In allen vier Dimensionen hat Jesus "Revolutionäres geleistet": der Begriff Reich Gottes wurde neu gestaltet von ihm, er vermittelte durch Wort und Tat neue Empfindungsweisen und neue Seh- und Hörweisen und er handelte auf neue Weise. Sein ganzes Leben eröffnet uns neue Handlungsoptionen.

---

58 Spinoza: Politischer Traktat, Hamburg 1994, S. 7.

59 Vgl. Deleuze, G.: Unterhandlungen, Frankfurt 1993, S. 237-239.

In der Predigt sollte Ähnliches geschehen. Das Adjektiv "neu" soll in diesem Fall nicht ausdrücken, dass immer etwas "Neues" in der Predigt präsentiert werden muss, sondern dass die Predigt einen Weg der Umkehr und Wandlung aufzeigt hin zu einem Leben, das Gott größere Ehre erweist. Gute Predigten (wie zum Beispiel die 10 Ansprachen der Kontemplativen Exerzitien von Franz Jalics) kann man öfters und immer wieder hören: Sie können auch beim x-ten Mal einen Gedanken, eine Empfindung oder eine Sichtweise vermitteln, die mich wieder "neu" auf Gott ausrichtet.

Natürlich muss eine Predigt nicht alle Ebenen anschneiden. Aber wenn man regelmäßig predigt, sollte man die ganze Bandbreite der Wandlungsdimensionen ausnutzen.

Es gibt beim Predigen verschiedene Vortragsweisen. Man kann in einer Predigt etwas erzählen, Zusammenhänge erklären, Appelle an die Leute richten oder auch Stimmungen beschreiben. Zu jede der vier Dimensionen kann man eine passende Vortragsweise finden: Begriffe und neue Denkweisen werden erklärt. Affekte und neue Empfindungsweisen lassen sich sehr gut mit Erzählungen vermitteln. Perzepte bzw. Seh- und Hörweisen können durch Beschreibungen von Impressionen deutlich gemacht werden. Neue Handlungsoptionen ergeben sich meist implizit aus dem Vorherigen, aus der Erklärung, der Geschichte oder der Impression. Aber man kann auch explizit zu den neue Handlungsoptionen einladen oder auffordern. Entscheidend ist, dass diese Appelle nicht als hohe Forderungen aufgestellt werden, sondern dass sie als Handlungsoptionen auf Grund der neuen Denkweisen, Empfindungsweisen und Seh- und Hörweisen auch möglich werden.

Die Zuordnung von Vortragsweisen zu den vier Dimensionen ist nicht absolut zu sehen. Man kann auch mit Geschichten neue Denkweisen vermitteln oder mit Erklärungen neue Seh- und Hörweisen aufzeigen.

3. Vom heute zum damals und vom damals zum heute

Wir predigen über 2000 Jahre alte Texte. Warum sollen diese alten Texte für uns existenzielle Bedeutung haben? Dies ist eine fundamentaltheologische Frage, die in diesem Rahmen nicht beantwortet werden kann. Aber sie ist eine für die Predigt zentrale Frage. Einige kurze Überlegungen seien hier angebracht.

Die Hermeneutik machte uns bewusst, dass jeder Ex-egese eine Eis-egese vorausgeht. Bevor wir einen Sinn aus einem Text heraus holen, bringen wir Fragen und Verständnishorizonte in den Text hinein. Wir sollten deswegen in der Predigt unsere Fragen an den Text den Zuhörern deutlich machen. Dann kann eine doppelte Bewegung stattfinden: von meiner und unserer heutigen Situation und Frage aus gehe ich auf den Text zu, begegne ihm und komme dann vielleicht mit neuen Denkweisen, Affekten, Perzepten und neuen Handlungsoptionen zu meiner Situation und Frage zurück.

Manche Predigten beginnen mit einer Begebenheit aus der Tagespolitik. Aufgrund irgendeiner Assoziation zwischen Begebenheit und Bibeltext oder eines manchmal sehr willkürlichen Kontrastes zwischen beiden wird diese Begebenheit als Aufhänger benutzt, um danach in die Erklärung des Bibeltextes einsteigen zu können. Aber dann wird die Begebenheit nicht mehr aufgegriffen. Sie war nur Vorspiel und anfänglicher "Schmuck". Die Zuhörer fragen sich: Kann ich durch die Erzählung dieser Begebenheit ein tieferes Verständnis des Bibeltextes erlangen? Oder sie fragen sich: Erhellt der Bibeltext die Begebenheit auf neue Weise? Werden diese Frage in der Predigt nicht beantwortet, so erscheint der "Aufhänger" nur als einfacher Trick, um die Aufmerksamkeit der Zuhörer zu gewinnen.

Predigten sollten echte Zeichen der Zeit aufgreifen. Große Zeichen der Zeit hat Johannes XXIII. genannt: Frieden zwischen den Völkern, die Frauenfrage, die Kluft zwischen Arm und Reich. Er würde heute die Bewahrung der Schöpfung dazu nehmen. Wir müssen nicht immer die ganz großen Zeichen der Zeit aufgreifen (auch wenn wir das regelmäßig tun sollten). In der Pfarrgemeinde, in Gesprächen mit einzelnen, in Erlebnissen und Ereignissen, in der Gesellschaft oder in der politischen Gemeinde können sich kleine Zeichen der Zeit, Fragen und Probleme ergeben. All diese Zeichen der Zeit, all diese Fragen sind die "Katalysatoren", um aus einem biblischen Text einen Sinn für uns heute herauslesen zu können.

Zum Schluss ein Beispiel von einem Gottesdienst mit Predigt, in der ganz einfach aber deutlich die Sichtweise geändert wird. Die vier Dimensionen der Wandlung, die oben beschrieben sind, kann die Leserin/der Leser auch bei anderen Gottesdienst Beispielen in diesem Büchlein vorfinden.

Ein Familiengottesdienst über Angeber und Parrhesia

Auch wenn das Fremdwort "Parrhesia" kein einziges Mal im Gottesdienst auftaucht, so wird doch in der Predigt Parrhesia zum zentralen Thema gemacht. "Parrhesia" das heißt: offen reden, freimütig reden, alles offen aussprechen. Jeder weiß, dass solche Gespräche manchmal notwendig sind und wir trotzdem uns davor scheuen. Es ist weder einfach, eine ehrliche und offene Kritik anzuhören, noch leicht, eine offene Kritik fair und ehrlich auszusprechen.
Vier Dinge kann man hier an diesem Gottesdienstverlauf verdeutlichen: man kann erstens durch das Evangeliums und durch die Szene zwischen den vier Kindern in der Predigt zu einem Thema gelangen, das nicht von Anfang an offen sich zeigte. Zweitens zeigt die Predigt, dass es nicht möglich und ebenso nicht nötig ist, alle Aspekte des Evangeliums in der Predigt anzusprechen. Vielmehr kann drittens in der Gedankenbewegung, vom heute zum damals und vom damals zum heute, das Evangelium eine Inspirationsquellen zur Deutung heutiger Probleme werden; (wobei das Problem Parrhesia zwar heute besteht, aber uralt ist.) Viertens geschieht in der Predigt ein Wechsel der Sichtweise: "Schauen wir mal nicht auf die anderen sondern auf uns." So banal und einfach dieser Perspektivenwechsel zuerst ausschaut, so wesentlich und wichtig ist er für den Glauben und das Leben eines Gläubigen.
In der Eröffnung wurden zur Einstimmung von Kindern sechs Sätze aus dem Evangelium vorgelesen. Damit stand das Thema "Immer diese Angeber!" im Raum. Die Szene verdeutlicht das Thema in der Lebenswelt der heutigen Kinder. Ein kurzer Erklärungstext vor dem Evangelium erläutert die Begriffe Pharisäer und Schriftgelehrte. Dann folgte das Evangelium vom 31. Sonntag im Lesejahr: Matthäus 23,1-12, und die Predigt.

Einstimmungssätze:

Sie reden nur!
Sie rühren keinen Finger.
Sie lassen sich grüßen.
Sie tun nicht, was sie sagen.
Sie möchten den Ehrenplatz.
Wer sich selbst erhöht, wird erniedrigt!

Szene:

Erzähler: Peter und Heinz sind von der Schule gekommen und setzen gerade auf einem Balken des Spielplatzes.
Peter: Ich habe nur einen Fehler in der Matte Probe.
Heinz: Hä, ein Fehler! Ich habe keinen Fehler in der Matte Probe! (sagt euphorisch) Ja (und macht eine Faust, die er schnell nach unten zieht). Ich bin halt doch der Beste!
Peter: Außer im Schwimmen, da bin ich viel schneller.
Heinz: Schau mal, da kommt Friedrich. (Friedrich tritt hinzu, bleibt in einiger Entfernung stehen.) Ich finde, der könnte sich ruhig mal etwas mehr bemühen, beim Rennen und so.

Peter: Der ist echt 'ne lahme Tüte, so kann's ja nicht gehen.
Heinz: Ganz meiner Meinung!
Peter: Wenn der in der Staffel mitläuft, kannst du es echt vergessen.
Heinz : Hast du übrigens gelesen, was unter meinem Zeugnis bei "Bemerkungen" gestanden ist?
Peter: Nein, was denn?
Heinz:... Ist ein guter Klassensprecher und bemüht sich um Kameradschaft in der Klasse!
Peter: He, was schaust du denn so blöd? (blickt zu Friedrich)
Heinz: Der kann auch nur dumm rumstehen, es wäre besser, er ginge in die Parallelklasse.
Peter: Finde ich auch, komm, wir gehen kicken.
(beide gehen weg)
Friedrich: Was kann ich dazu, wenn ich nicht so schnell im Rennen bin? Diese blöden Angeber, diese Großmäuler. Dieser Heinz muss sich doch beim Lehrer eingeschleimt haben. Große Klappe und nichts dahinter! Ach, ich möchte auch einen guten Freund haben, der mit mir durch dick und dünn geht!
(in diesem Moment kommt Daniel dazu)
Daniel: Friedrich, kommst du mit zum Spielplatz? Der Bach hat viel Wasser. Ich wollte einen Staudamm bauen, aber es klappt nicht. Hilfst du mir? Du bist doch so gut in Werken! Du kannst es bestimmt gut!
Friedrich (ein Lächeln): Na klar komme ich mit!

Erklärungstext:
Wir hören gleich eine Ansprache, die Jesus selbst an viele Menschen gerichtet hat. Hauptsächlich redet Jesus dabei über Leute, die Pharisäer und Schriftgelehrten sind. Viele von euch wissen sicherlich nicht, was Pharisäer und Schriftgelehrten waren. Deswegen möchte ich es euch erklären.
Die Schriftgelehrten waren Männer, die sich besonders gut in der Bibel und in den religiösen Gesetzen auskannten. Sie hatten die Aufgabe, die anderen Menschen über die Bibel und über die religiösen Gesetze zu belehren. Die Pharisäer waren Männer, die versuchten, besonders fleißig und gewissenhaft die religiösen Gesetze einzuhalten. Sie wollten besonders fromm und gläubig sein.
Vielleicht fragen sich jetzt manche: das ist doch etwas Gutes, wenn man sich gut in religiösen Gesetzen auskennt und versucht sie richtig zu befolgen. Aber viele von den Pharisäern und Schriftgelehrten waren eingebildet. Sie meinten, sie seien etwas Besseres und schauten auf die anderen herab. Und vor diesen Angebern möchte Jesus die Leute warnen.

Evangelium: Matthäus 23,1-12

Predigt:

Wir kennen sie alle! Diese Angeber, diese Schwätzer, die mit der großen Klappe, die Hochnäßigen, die es immer besser wissen, die sich grüßen lassen, die immer die Ersten sein wollen.

Solche habt ihr bestimmt schon kennengelernt im Kindergarten oder in der Schule! Und glaubt mir: jeder von den Erwachsenen könnte ebenso Beispiele nennen.

Und wir hoffen alle insgeheim, dass für diese Angeber gilt: wer die größte Schnauze hat, fällt irgendwann drauf. Doch häufig gilt der Satz: die Frechheit siegt!

Wenn wir jetzt gemütlich beisammen sitzen würden an einem Tisch, könnte jeder Sicherlich eine Anekdote über solche Schwätzer und Angeber erzählen. Das wäre bestimmt interessant, angenehm und manchmal aufbauend; denn man weiß ja, dem anderen geht es ähnlich.

Ich möchte aber nun unsere Blickweise bewusst wenden. Schauen wir mal nicht auf die anderen sondern auf uns. Frage dich mal selbst:

Bin ich nicht auch manchmal ein Angeber?

Habe ich nicht selbst manchmal eine großen Klappe, und wenn es ums Arbeiten geht, rühre ich keinen Finger?

Bin ich nicht auch manchmal hochnäßig?

Weiß ich nicht auch manchmal alles besser?

Lass ich mich nicht von manchen Leuten bewusst grüßen?

Will ich nicht manchmal der Ersten sein?

Das Blöde ist: man weiß oft gar nicht genau, ob man in einer Situation von dem anderen als Angeber empfunden wurde. Man will gar nicht hochnäßig sein, aber ist es für einen anderen, ohne dass man es merkt. Was kann man da machen?

Da gibt es nur eine Lösung: Du musst dir innerlich sagen: "Wenn jemand zu mir sagt, das fand ich blöd von dir, dann will ich genau hinhören und vielleicht sogar nachfragen: was fandst du blöd an mir?" Aber das ist gar nicht so einfach!

Wenn jemand zu einem anderen sagt: Ich fand das blöd von dir! Wehren sich viele und sagen: Was regst du dich so auf! Nerv mich nicht! Oder Ähnliches.

Wenn du wissen willst, ob du manchmal für andere ein Angeber gehalten wirst, dann musst du dich innerlich ganz bewusst dafür entscheiden, dich nicht zu wehren, sondern genau hinzuhören, wenn dich jemand kritisiert.

Wenn du dann genau zuhörst, kann sich ein ganz tolles Gespräch entwickeln. Man kann Missverständnisse aus der Welt räumen. Man kann den anderen besser kennen lernen. Man kann dem anderen sogar sagen, ohne ihn zu verletzen: Danke für deine Kritik, deinen Ratschlag, aber ich sehe das anders. Durch so ein Gespräch kann man eine neue Freundschaft schließen.

Wenn du selber bereit bist, auch eine Kritik zu hören, kannst du selber versuchen, einem anderen, einem Angeber zu sagen, was du über ihn denkst. So ein Gespräch ist immer ein Abenteuer. Das

kann gut laufen oder schief gehen. Man darf nicht davon ausgehen, dass es immer klappt. Aber versuchen sollte man es. Jesus ermuntert uns sogar dazu in einer anderen Stelle des Evangeliums, solche Gespräche zu wagen, in dem wir dem anderen deutlich aber liebevoll und fair die Meinung sagen.
Diese Stelle möchte ich vorlesen: wenn dein Bruder sündigt, dann gehe zu ihm und weise ihn unter vier Augen zurecht. Hört er auf dich, so hast du deinen Bruder zurückgewonnen.
Nur wenn wir uns in Liebe ab und zu klar die Meinung sagen, können wir vermeiden, dass wir viele von uns zu Pharisäern werden, ohne dass wir es merken.
Ebenso wichtig ist es, ab und zu zu sagen: Das finde ich toll von dir! Das gefällt mir an dir! Beides dürfen wir uns, sollen wir als Christen regelmäßig tun: offen sagen, was wir am anderen gut ist und was schlecht.

Fürbitten:
1. Für alle Menschen, die sich gerne vor anderen groß machen: Hilf ihnen, spüren zu lernen, wenn sie jemandem damit weh tun.
2. Für alle, die sich schwach und zurückgesetzt fühlen: Lass sie erfahren, dass bei dir, Gott, jeder groß ist.
3. Für alle Menschen, die immer die Ersten sein wollen: Öffne ihre Augen für ihre Mitmenschen.
4. Für alle Menschen, die andere Menschen zu leiten und zu führen haben: Zeig ihnen, dass sie mit Verständnis am besten ihre Aufgabe erfüllen können.

6. Einige Überlegungen zur Entfaltung von Symbolen im Gottesdienst

1. Zwei Kriterien für den Umgang mit Symbolen

Symbole sind zur Zeit in der Gottesdienstlandschaft in Mode. Und wie das so üblich ist mit Moden, bringen sie teilweise sehr Wertvolles zum Vorschein aber auch teilweise Fragwürdiges. Um bei der Inflation von Symbolen in Gottesdiensten die Spreu vom Weizen zu trennen, ist es notwendig, Kriterien für einen guten bzw. "schönen" Umgang mit Symbolen zu finden. Auch bei diesem Thema kann uns Kants Kritik der Urteilskraft ein Leitfaden sein. Seine Ausführungen über die ästhetische Idee geben einige interessante Hinweise für das Verständnis von Symbolen.
Ich möchte gleich an dieser Stelle zwei Kriterien vorstellen, die ich für den Umgang mit Symbolen für wesentlich halte. (Die Ausführungen über die ästhetische Ideen bei Kant werden dies untermauern.)

- Ein Symbol muss auf der Bildebene entfaltet werden.
- Ein Symbol muss von der Bildebene in die Lebenswelt bzw. in die theologische Fragestellung hinein übersetzt werden.

Entfaltung und Übersetzung können sich mischen und gegenseitig erhellen.

2. Ein Beispiel: die Brotmeditation von Sobrino

In seiner "Christologie der Befreiung" beschreibt Sobrino das Reich Gottes mit dem Symbol Brot. Er entfaltet einerseits die "Phänomenologie des Brotes" und beschreibt und deutet damit andererseits das Wesen des Lebens und des Reiches Gottes. Dieses Beispiel zeigt auf wunderbare, schöne und ergreifende Weise, wie ein Symbol entfaltet und theologisch übersetzt werden kann.
"Das Reich Gottes beginnt mit dem Brot, dem vorrangigen Symbol des Lebens und der Überwindung des Todes. Aber dieses Brot ist immer auch mehr als nur Brot. Aufgrund seiner Bedeutung wirft es immer auch die Frage auf, wie man zu Brot kommt. So führt das Brot in die praktische Dimension des Menschseins hinein. Und wenn man Brot hat, so stellt sich spontan die Frage nach dem Teilen des Brotes. Hier tritt die ethische Dimension des Brotes (die Forderung, es zu teilen), seine gemeinschaftliche Dimension (wenn das Brot geteilt wird) und die Dimension des Feierns (gemeinsames Essen an einen Tisch) in Erscheinung.
Das erhaltene und geteilte Brot der einen verwandelt sich sofort in die Frage nach dem Brot für die anderen, für andere Gruppen und andere Gemeinschaften, also in die Frage nach dem Brot für das ganze Volk. So entstehen die soziale und politische Dimension des Brotes und die Frage nach

der Befreiung des armen Volkes. Gleichzeitig damit entstehen zahllose Fragen, wie an Brot für alle zu kommen ist, nach dem Handeln, den funktionalen Theorien, den Theologien, nach Formen des Kircheseins ....
Nichts von dem geschieht automatisch. Vielmehr zeigt sich in jeder Phase der Realität des Brotes die Notwendigkeit des Geistes: Barmherzigkeit, damit sich das Innere angesichts der Brotlosen erregt, Tapferkeit im Kampf für sie, Ausdauer in den Konflikten und Verfolgungen, Wahrheit zu Analyse der Ursachen der Brotlosigkeit und zur Suche nach besseren Wegen zu deren Überwindung. Das Brot mobilisiert alle Kräfte des menschlichen Geistes und konfrontiert ihn vor allem mit der Frage, ob er zur Liebe, zur größten Liebe fähig ist oder nicht. So ermöglicht das Brot Hingabe, Freigebigkeit und Mut bis hin zur größten Liebe: in der Hingabe des Lebens.
Das Brot hat auch etwas Sakramentales. So wird z.B. in El Salvador das Maisfest gefeiert. Man versammelt sich, nicht nur um zu essen, sondern auch um zu singen und Gedichte zu lesen, um zu feiern. Das Fest schafft Gemeinschaft und lässt diese auch deutlich werden. Es bewirkt tiefe Freude.
Die gute Nachricht des Brotes bewegt dazu, Gott dafür zu danken oder aber zu fragen, warum er zulässt, dass es kein Brot gibt, oder warum es nicht geteilt wird. Es treibt dazu an, Jesus nachzufolgen, der das Brot wunderbar verteilt hat, um den Hunger zu stillen; oder es wirft die Frage auf, warum Menschen wie er ermordet werden. Es kann zu der Frage führen, ob es etwas gibt, dass mehr als Brot ist, ein Brot des Wortes, welches notwendig und eine gute Nachricht ist, selbst wenn das wirkliche Brot fehlt. Ebenso kann es vor die Frage stellen, ob es wahr ist, dass am Ende der Geschichte Brot für alle da sein wird, und ob es die Mühe lohnt, sich dafür einzusetzen, obwohl oftmals die Finsternis alles verdunkelt. Oder ob es in Bezug auf die Frage nach dem Brot für alle klüger ist, zu hoffen oder zu resignieren...
Wie gelungen auch immer diese Beschreibung sein mag: Die Phänomenologie des Mehr, welches im Brot vorhanden ist, will nur zeigen, wie das "Leben" sich immer im "mehr" entfaltet."[60]
Entfaltung und Übersetzung sind hier fast nicht mehr zu unterscheiden, weil das Brot eben nicht nur Symbol sondern auch realer Bestandteil des Reiches Gottes ist. In der Predigt zum Thema "Weinstock" ist dagegen sehr gut Entfaltung und Übersetzung trennbar. Die Weinbergschnecke Cornelius entfaltet durch ihre Erzählung die Bildebene des Symbols Weinstock. Dazwischen und danach wird diese Entfaltung übersetzt in die Lebenswelt der Kinder. Die Entfaltung und Übersetzung gibt eine Antwort auf die Fragen, wie ich mich als Christ Sorgen gegenüber zu verhalten habe und was Vertrauen auf Christus heißt.
Manche Symbole muss man nur im Ritual entfalten. Sie sind im Kontext unserer menschlichen Existenz so ausdrucksstark, dass ausführliche sprachliche Erläuterungen nicht notwendig sind. Es sei noch ein weiterer Gottesdienst vorgestellt, der das Symbol Brotbrechen entfalten möchte.

---

60 Sobrino, J.: Christologie der Befreiung, Band 1, Mainz 1998, S. 186f.

Weißer Sonntag zum Thema "Erkennungszeichen Brotbrechen"

Die Geschichte über den Bäcker in der Jacobstraße ist sehr bekannt und schon häufig am weißen Sonntag als Lesung in den verschiedensten Gemeinden benutzt worden. Aber es reicht nicht, eine schöne Geschichte vorzulesen. Der tiefe Sinngehalt einer solchen Geschichte kann nur zum Vorschein kommen, wenn er entfaltet wird. Die Interviews mit den Hauptpersonen aus der Geschichte leisten genau dieses; außerdem führen einige Passagen aus den Interviews den Sinngehalt weiter. Der Bäcker aus der Jacobstraße kann das Ritual des Brotbrechens nur deswegen zur Versöhnung und zum Wohle der Menschen einsetzen, weil er dieses in einem grundsätzlichen Sinne und für alle Menschen geltender Weise in der Kirche, in der Eucharistiefeier an sich selber erlebt. So eröffnet die Geschichte mit den Interviews einen Verständnishorizont für den Sinngehalt der Eucharistiefeier, der am weißen Sonntag ja im Mittelpunkt stehen muss. Eine Bildbetrachtung über das Emmaus-Bild von Sieger Köder kann das Thema in der Nachmittagsandacht vertiefen.

Lesung erster Teil: Geschichte

Der Bäcker von der Jacobstraße

An der Jacobstraße in Paris liegt ein Bäckerladen; da kaufen viele Menschen ihr Brot. Aber nicht nur, weil der Bäcker ein gutes Brot bäckt, kaufen die Leute des Viertels dort gern ihr Brot. Noch mehr zieht sie der alte Bäcker an: der Vater des jungen Bäckers. Meistens ist es nämlich der alte Bäcker im Laden und verkauft. Dieser alte Bäcker ist ein spaßiger Kerl. Die meisten sagen: er ist weise und menschenfreundlich.

Der alte Bäcker weiß, dass man Brot nicht nur zum Sattessen brauchen kann, und gerade das gefällt den Leuten. Manche erfahren das erst beim Bäcker an der Jacobstraße, zum Beispiel der Autobusfahrer Gerard, der einmal zufällig in den Brotladen an der Jacobstraße kam.

"Sie sehen bedrückt aus", sagte der alte Bäcker zum Omnibusfahrer.

"Ich habe Angst um meine kleine Tochter" antwortete der Busfahrer. "Sie ist gestern aus dem Fenster gefallen, vom zweiten Stock."

"Wie alt?" fragte der alte Bürger.

"Vier Jahre", antwortete der Busfahrer.

Dann nahm der alte Bäcker ein Stück vom Brot, das auf dem Ladentisch lag, brach zwei Bissen ab und gab das eine Stück den Busfahrer. "Essen Sie mit mir", sagte der alte Bäcker zu dem Mann, "ich will an Sie und Ihre kleine Tochter denken."

Der Busfahrer hatte so etwas noch nie erlebt, aber er verstand sofort, was der alte Bäcker meinte, als er ihm das Brot in die Hand gab. Und sie aßen beide ihr Brotstück und schwiegen und dachten an das Kind im Krankenhaus. Da kam eine Frau herein. Bevor sie ihren Wunsch sagen konnte,

gab ihr der alte Bäcker ein kleines Stück Weißbrot in die Hand und erzählte ihr den Unfall und lud sie ein mitzuessen.
So war das oft in dem Brotladen. Aber es passierte auch anderes, über das sich die Leute ebenso wunderten. Da gab es zum Beispiel einmal die Geschichte mit Gaston:
An einem frühen Morgen wurde die Ladentüre aufgerissen und ein großer Kerl stürzte herein. Er lief vor jemanden fort; das sah man sofort. Und da kam ihm der offene Bäckerladen gerade recht. Er stürzte also herein, schlug die Tür hastig hinter sich zu und schob von innen den Riegel vor.
"Was tun denn Sie da?" fragte der alte Bäcker. "Die Kunden wollen zu mir herein, um Brot zu kaufen. Machen Sie die Tür sofort wieder auf. "
Der junge Mann war ganz außer Atem. Und da erschien vor dem Laden auch schon ein Mann mit einer Eisenstange in der Hand. Als er im Laden den jungen Kerl sah, wollte er auch hinein. Aber die Tür war verriegelt.
"Er will mich schlagen", keuchte der junge Mann. "Wer? Er?" fragte der Bäcker .
"Mein Vater", schrie der Junge. "Er ist absolut wütend und sauer auf mich und möchte mir eine Lektion erteilen."
"Das lass mich nur machen", antwortete der alte Bäcker, die ihn zur Tür, öffnete sie und rief dem schweren Mann zu: "Guten Morgen, Gaston! Am frühen Morgen regst du dich schon so auf? Das ist ungesund. So kannst du nicht lange leben. Komm herein, aber benimm dich. Lass den Jungen in Ruhe! In meinem Laden wird kein Mensch geschlagen."
Der Mann mit der Eisenstange trat ein. Seinen Sohn schaute er gar nicht an. Er war viel zu erregt, um antworten zu können. Er wischte sich mit der Hand über die feuchte Stirn und schloss die Augen. Da hörte er dem Bäcker sagen: "Gaston, iss ein Stück Brot; das beruhigt. Und iss es zusammen mit deinem Sohn; das versöhnt. Ich will auch ein Stück Brot essen, um euch bei der Versöhnung zu helfen." Dabei gab er jedem ein Stück Brot. Beide nahmen das Brot. Und als sie davon aßen, sahen sie einander an, und der alte Bäcker lächelte beiden zu. Als sie das Brot gegessen hatten, sagte Gaston: "Komm, Junge, wir müssen an die Arbeit."[61]

Lesung zweiter Teil: Interviews

Interview mit Gaston und seinem Sohn

Interviewer: Wir machen ein Interview über den Bäcker von der Jacobstraße. Dürfen wir Sie fragen, was Sie mit dem alten Bäcker erlebt haben?
Sohn: Mein Vater und ich, wir haben uns sehr zerstritten gehabt. Mein Vater war äußerst wütend auf mich.
Gaston: Ich war so wütend, dass ich ihm mit einer Eisenstange eine Lektion erteilen wollte.

---

61 Mertens, H. A.: Brot in deiner Hand. Geschichten für Kinder von der Bedeutung des heiligen Mahles,
München 1982, S. 5 – 8.

Sohn: Ich stürmte also in den Bäckerladen. Und verschloss die Türe.
Gaston: Da machte der Bäcker die Tür auf. Aber als dieser ganz eindringlich zu mir sprach "Guten Morgen, Gaston! Am frühen Morgen regst du dich schon so auf?" merkte ich: Dieser Mann bringt mich wieder auf den Boden zurück.
Sohn: Der Bäcker gab uns beiden ein Stück Brot und aß es mit uns.
Interviewer: Hat dieses Erlebnis Sie beide verändert?
Gaston: Ja, das hat es! Am Abend jenes Tages sagte ich zu meinem Sohn: Wir wollen nun bei jedem Abendessen ein Stück Brot uns teilen. Das ist inzwischen schon eine feste Gewohnheit. Aber sie erinnert uns an das Erlebnis mit dem Bäcker und dass ich mir seitdem vorgenommen habe, nie mehr so wütend auf meinen Sohn zu sein.
Interviewer: Haben Sie das einmal dem alten Bäcker erzählt?
Gaston: Natürlich, das habe ich schon. Er hat sich sehr darüber gefreut und gesagt "Brot ist eben nicht nur Brot, ein Nahrungsmittel; sondern es kann ein Zeichen sein, dass ich mit einem anderen Menschen gut sein will. Brot - ja, es steht für ein wirklich erfülltes und zufriedenes Leben."

Interview mit dem Autobusfahrer
Interviewer: Wir machen ein Interview über den Bäcker von der Jacobstraße. Dürfen wir Sie fragen, was Sie mit dem alten Bäcker erlebt haben?
Autobusfahrer: Zu einer Zeit, in der ich ganz fertig war, weil meine kleine Tochter am Tag vor aus dem Fenster gefallen ist und in Lebensgefahr schwebte, schenkte er mir Trost.
Interviewer: Und wie hat er das gemacht?
Autobusfahrer: Er hörte mir gut zu und gab mir ein Stück Brot. Haben Sie schon einmal in einem Bäckerladen mit dem Bäcker selbst Brot gegessen? Das ist an sich schon ungewöhnlich. Aber als er mir das Brot reichte und sagte "Ich will an Sie und Ihre kleine Tochter denken", da wusste ich: dieser Mann will mein Leid, meine Angst um mein Kind, mittragen. Es tut so gut zu wissen, dass man nicht allein ist, gerade in solchen Stunden!
Interviewer: Haben Sie ihn danach doch einmal gesehen?
Autobusfahrer: Mein Kind hat zum Glück den Sturz überlebt. Ich bin noch mal ins Geschäft gegangen, um das dem Bäcker zu erzählen. Er hat sich sehr gefreut. Ich habe ihn dann gefragt, woher er die Kraft nimmt, Menschen so beizustehen. Er antwortete mir: "Ich gehe jeden Sonntag in die Kirche. Da erinnere ich mich ganz bewusst an unseren Heiland, Jesus Christus. Ich denke mir dann dabei: er hat so oft Menschen seine Zuneigung und Liebe gezeigt, indem er Brot ausgeteilt hat. Wenn ich dann vor zur Kommunion gehen, dann weiß ich gewiss: dieser Jesus Christus, der sogar bereit war für seine Freunde zu sterben, - dieser Jesus Christus, der ganz verbunden war mit seinem Vater, mit Gott, - dieser Jesus Christus ist auch bei mir und schenkt mir seine Kraft im Zeichen des Brotes."
Interviewer: Hat Sie die Begegnung mit dem Bäcker verändert?

Busfahrer: Er stand mir in einer schweren Stunde bei, dafür bin ich ihm sehr dankbar. Aber er hat mich auch gelehrt, Gott gegenüber dankbar zu sein.

Evangelium: Lukas, Emmausgeschichte

Predigt:

Liebe Erstkommunionkinder, Liebe Festgemeinde

Wisst Ihr, was ein Erkennungszeichen ist? Das kann vieles sein. Zum Beispiel: ein bestimmtes Kleidungsstück, das einer sehr oft trägt. Man erkennt ihn schon an diesem Kleidungsstück.

oder: ein Spruch, den einer ständig sagt, wie zum Beispiel "null Problemo, schaffen wir locker." und bei jeder Gelegenheit ob passend oder unpassend sagt er diesen Spruch.

oder: die Gruppe von Kalle Blomquist, dem Meisterdetektiv von Astrid Lindgren, haben sich eine eigene Sprache geschaffen, eine geheime Sprache, die nur sie verstehen konnten. Das war ihr Erkennungszeichen.

Ich habe heute auch ein Erkennungszeichen dabei:

[Der Prediger heftet sich eine Plakette an, auf der ein Brot abgebildet ist und der Schriftzug steht: Erkennungszeichen Brotbrechen]

Und wenn ihr euch jetzt an die beiden Geschichten erinnert, die Geschichte über den Bäcker und die Geschichte, dass Jesus nach seiner Auferstehung zwei Jünger trifft, dann wird euch schnell auffallen, dass sowohl Jesus als auch der alte Bäcker dasselbe Erkennungszeichen haben: Brotbrechen.

Warum hat sich Jesus als Erkennungszeichen das Brotbrechen ausgewählt und nicht ein Kleidungsstück oder ein Spruch oder eine geheime Sprache?

Dafür gibt es genau einen Grund: mit dem Erkennungszeichen Brotbrechen möchte Jesus uns verwandeln. Mit dem Erkennungszeichen Brotbrechen möchte Jesus uns zu einem erfüllten und guten Leben führen.

Aber wie verwandelt uns Jesus? Er geht ja nicht einfach hin zu den Jüngern und bricht mal schnell das Brot. Zum Erkennungszeichen Brotbrechen gehört mehr. Und das wollen wir uns nun genauer anschauen. Denn wenn wir wissen, was zum Erkennungszeichen Brotbrechen gehört, dann haben wir viel verstanden von dem, was Jesus wichtig ist.

Das erste, was zum Erkennungszeichen Brotbrechen gehört, ist das Sich-begegnen, sich versammeln und aufeinander zugehen.

Jesus geht im Evangelium auf die zwei Jünger zu und fragt sie, warum sie so traurig sind.

Das zweite, was zum Erkennungszeichen Brotbrechen gehört, ist das Miteinanderreden und sich austauschen. Nachdem Jesus zu den zwei Jüngern gestoßen ist und sie gefragt hat, erzählen die beiden. Sie sagen ganz offen, was sie bedrückt: ihr Herr und Meister, Jesus Christus ist gestorben! (Sie merken ja noch nicht, dass der Mann neben ihnen Jesus ist.) Und Jesus redet mit

ihnen und unterhält sich mit ihnen. Damit sie die Zusammenhänge besser begreifen können, erinnert er sie an einige Stellen aus der Bibel.
Das dritte, was zum Erkennungszeichen Brotbrechen gehört, ist nun der Höhepunkt: das Brotbrechen und das Miteinanderessen.
Erst am Brotbrechen erkennen die zwei Jünger, dass es der auferstandene Jesus ist, der mit ihnen geredet hat. Denn schon vor seinem Tod hat Jesus das Brotbrechen als sein Erkennungszeichen eingesetzt: oft aß er mit seinen Jüngern. Einige Geschichte mit Brotbrechen kennt ihr sicherlich gut: die Speisung von 5000 Menschen, oder dass Jesus mit dem Zöllner Zachäus das Brot bricht. Und zuletzt natürlich das letzte Abendmahl. An diesem Zeichen mussten sie ihn einfach erkennen.
Aber warum verwandelt das Erkennungszeichen Brotbrechen die Jünger von Emmaus, aber auch die Kunden in der Bäckerei von der Jacobstraße und uns hier in einem Gottesdienst? - denn auch der Pfarrer wird bei der Kommunionfeier das Brot brechen und es an euch verteilen.
Schauen wir uns nochmals die drei Schritte vom Erkennungszeichen Brotbrechen an: zuerst begegnet Jesus den Jüngern, im Gottesdienst kommen wir zusammen und stellen uns vor den Altar. Wenn ich auf jemanden einfach zugehe, zeige ich ihm: ich nehme dich so an, wie du bist. Und wenn du in die Kirche gehst, kannst du sicher sein: Jesus Christus nimmt dich so an, wie du bist.
Beim zweiten Schritt hören wir etwas von Gottes Wort. Jesus hat den Jüngern etwas aus der Bibel erzählt und der Pfarrer hat uns eine Geschichte von Jesus vorgelesen. Dadurch sollen wir schon mal unseren Blickwinkel verändern. Wir können durch die Geschichte aus der Bibel, das Wort Gottes, mehr und mehr lernen, die Welt aus dem Blick Jesu zu sehen. Das verändert uns auf jeden Fall einmal.
Beim dritten Schritt brechen wir zusammen das Brot und essen gemeinsam. Gemeinsam essen tut immer gut; das merkt man an den zwei Geschichte mit dem Bäcker: man merkt, dass man mit seiner Traurigkeit nicht allein ist und man kann sich versöhnen im gemeinsamen Essen. Gemeinsames Essen gibt uns Kraft.
Bei den Emmaus-Jüngern und hier in der Kirche kommt noch etwas dazu: wir erkennen im Zeichen des Brotbrechens, dass Jesus Christus selbst bei uns ist.
Und das kann uns besonders verwandeln: das gibt sehr viel Vertrauen für das Leben; denn wenn Jesus Christus wirklich bei mir ist, dann kann mir nichts passieren - was auch geschieht.
So möchte ich euch am Schluss nur noch zwei Tipps geben:
1. Feiert oft und regelmäßig dieses Erkennungszeichen Brotbrechen in der Kirche mit. Es sagt uns: du darfst so sein, wie du bist. Mit dem Wort Gottes kannst du deinen Blick weiten. Und das Brotbrechen gibt viel Vertrauen und Kraft für das Leben.

2. Du kannst das Erkennungszeichen Brotbrechen auch im Alltag anwenden. Zum Beispiel wenn du Menschen freundlich ansprichst, wenn du anderen zuhörst und wenn du mit anderen gemeinsam isst und Essen miteinander teilst.
Wenn du nun deinen Glauben bekennst und deine Taufe erneuerst, dann sagst du ja zu dem Gott, den man am Brotbrechen erkennen kann.

[entweder nach der Predigt oder am Ende des Gottesdienstes bekommen alle Erstkommunionkinder eine solche Plakette "Erkennungszeichen Brotbrechen"]

Bildbetrachtung zu einem Bild von Sieger Köder über die Emmausgeschichte in der Andacht
1. Kind: Ich schaue zuerst in die linke obere Ecke des Bildes. Es ist dunkel. Man erkennt einige Kreuze. Von da her kommen die zwei Jünger. Sie mussten erleben, dass Jesus, ihr Herr, Meister und Freund ans Kreuz geschlagen wurde. Sie sind deswegen sehr traurig und wissen nicht ein noch aus.
2. Kind: Ich sehe an der linken Seite des Bildes zwei Männer, die sich unterhalten. Einer hält ein Buch in der Hand und schaut den anderen an. Der andere scheint etwas zu erklären. Es ist Jesus, der dem einen Jünger eine Stelle aus der Bibel erklärt. Aber die zwei Jünger erkennen Jesus noch nicht.
3. Kind: Ich sehe ganz unten im Bild in der Mitte drei Bücher liegen. Eines ist eine Schriftrolle. Auf ihr steht ein Text aus dem Alten Testament: der Prophet Jesaja sagt: "Unserer Sündern wegen wurde er durchbohrt und unserer Vergehen wegen geschlagen." Das bezieht sich auf Jesus: Er blieb seiner Botschaft und seinem Glauben treu. Weil das einigen missfiel, musste er sterben.
4. Kind: Ich schaue auf den Tisch und die zwei Jünger, die daran sitzen. Jetzt haben sie verstanden und erkannt, dass Jesus es war, der mit ihnen gesprochen hat auf dem Weg und mit ihnen gegessen hat. Der auferstandenen Jesus Christus musste das Brot brechen, wie er es schon so oft in seinem Leben vor dem Tod getan hat - an diesem Zeichen erkennen sie ihn.
5. Kind: Auf einmal ist die Welt ganz anders. Jesus ist nicht tot, sondern er lebt und er ist wirklich bei uns, begleitet uns und führt uns. Das wissen jetzt die zwei Jünger ganz genau.
6. Kind: Der auferstandene Jesus Christus ist auch bei uns, er begleitet uns und führt uns. Deswegen hat der Maler in der rechten oberen Bildecke einen Priester mit der Osterkerze gemalt. Genauso wie wir im Bild Jesus nicht sehen können, sondern nur ein helles Licht, können wir auch heute Jesus Christus nicht sehen. Aber im Glauben wissen wir, im Erkennungszeichen Brotbrechen ist Jesus Christus bei uns.

3. Ästhetische Ideen

Eine ästhetische Idee ist in die Logik der "Kritik der reinen Vernunft" nicht einzuordnen. Denn in der Kritik der reinen Vernunft gibt es entweder Begriffe, die sich auf anschauliche und reale Dinge beziehen. "Dies ist ein brauner Tisch." Begriffe des Verstandes (brauner Tisch) werden über das Schema der Einbildungskraft auf die Anschauungen der Sinnlichkeit bezogen. Oder es gibt Ideen der Vernunft, die aber undarstellbar sind, wie zum Beispiel: Seele, das Ganze der Welt und Gott. Indem Kant aufzeigt, dass diese Vernunftideen undarstellbar sind, möchte er die traditionelle Metaphysik beenden und kritisieren. Damit hat Kant einen Abgrund zwischen Sinnlichem und Übersinnlichem geschaffen. Es ist ein zentrales Ziel der Kritik der Urteilskraft, diesen Abgrund zu überwinden. Das Konzept der ästhetischen Ideen ist in diesem Werk ein Versuch, dieses Ziel zu erreichen.

Während die Verstandesbegriffe sich eindeutig auf genau bestimmte Gegenstände beziehen, ist die Zuordnung von Vorstellung und Begriff bei der ästhetischen Idee nicht eindeutig. Kants Definition der ästhetischen Idee lautet:

"Unter einer ästhetischen Idee aber verstehe ich diejenige Vorstellung der Einbildungskraft, die viel zu denken veranlaßt, ohne dass ihr doch irgend ein bestimmter Gedanke, d.i. Begriff adäquat sein kann, die folglich keine Sprache völlig erreicht und verständlich machen kann. - Man sieht leicht, dass sie das Gegenstück (Pendant) von einer Vernunftidee sei, welche umgekehrt ein Begriff ist, dem keine Anschauung (Vorstellung der Einbildungskraft) adäquat sein kann.

Die Einbildungskraft (als produktives Erkenntnisvermögen) ist nämlich sehr mächtig in Schaffung gleichsam einer andern Natur, aus dem Stoffe, den ihr die wirkliche gibt. Wir unterhalten uns mit ihr, wo uns die Erfahrung zu alltäglich vorkommt; bilden diese auch wohl um: zwar noch immer nach analogischen Gesetzen, aber doch auch nach Prinzipien, die höher hinauf in der Vernunft liegen (und die uns eben sowohl natürlich sind, als die, nach welchen der Verstand die empirische Natur auffaßt); wobei wir unsere Freiheit vom Gesetze der Assoziation (welches dem empirischen Gebrauche jenes Vermögens anhängt) fühlen, nach welchem uns von der Natur zwar Stoff geliehen, dieser aber von uns zu etwas ganz anderem, nämlich dem, was die Natur übertrifft, verarbeitet werden kann.

Man kann dergleichen Vorstellungen der Einbildungskraft Ideen nennen: eines Teils darum, weil sie zu etwas über die Erfahrungsgrenze hinaus Liegendem wenigstens streben, und so einer Darstellung der Vernunftbegriffe (der intellektuellen Ideen) nahe zu kommen suchen, welches ihnen den Anschein einer objektiven Realität gibt; andrerseits, und zwar hauptsächlich, weil ihnen, als innern Anschauungen, kein Begriff völlig adäquat sein kann. Der Dichter wagt es. Vernunftideen von unsichtbaren Wesen, das Reich der Seligen, das Höllenreich, die Ewigkeit, die Schöpfung u.d.gl. zu versinnlichen; oder auch das, was zwar Beispiele in der Erfahrung findet, z.B. den Tod, den Neid und alle Laster, imgleichen die Liebe, den Ruhm u.d.gl. über die Schranken der Erfahrung hinaus, vermittelst einer Einbildungskraft, die dem Vernunft-Vorspiele

in Erreichung eines Größten nacheifert, in einer Vollständigkeit sinnlich zu machen, für die sich in der Natur kein Beispiel findet; und es ist eigentlich die Dichtkunst, in welcher sich das Vermögen ästhetischer Ideen in seinem ganzen Maße zeigen kann." (KU A190f)
Wir wollen diese Aussagen von Kant in einzelne Punkte aufteilen und sie mit dem Beispiel "Brot" und "Weinstock" erläutern.
- Brot und Weinstock als ästhetische Idee, als Symbol, haben einen Pol im Sinnlichen und einen anderen Pol im Übersinnlichen: Brot und Weinstock sind zuerst wahrnehmbare Dinge. "Brot" und "Weinstock" können auch als ganz einfache eindeutige Begriffe benutzt werden, um die jeweiligen Dinge zu bezeichnen. "Brot" und "Weinstock" als ästhetische Ideen gehen aber über die sinnlich wahrnehmbaren Gegenstände hinaus.
- Die Einbildungskraft beginnt nun mit Assoziationen über das rein Sinnliche und den einfach eindeutigen Begriff hinaus zu gehen. Man kann diese Gedankenbewegung sehr schön bei Sobrino feststellen. Assoziationen führen ihn zur Forderung zu teilen, zu gemeinschaftlichen Festen, zum Handeln Jesu. Wenn Jesus sich als den Weinstock bezeichnet und seine Jünger als Rebzweige, dann entsteht eine analogische Struktur: das Verhältnis zwischen Weinstock und Rebzweige (die Abhängigkeit und die Ausrichtung der Rebzweige auf den Weinstock) verdeutlicht das Verhältnis zwischen Jesus und seinen Jüngern.
- Die Produktionen der Einbildungskraft veranlassen "viel zu denken". Bei Sobrino können wir deutlich feststellen, wie die Assoziationen brisante Fragen und Probleme aufwerfen. Eine "Mannigfaltigkeit der Teilvorstellungen" (KU A195) können hervortreten, ein "unabsehliches Feld" (KU A193) entsteht. Kant verdeutlicht dies sehr schön an der Dichtkunst: "Sie erweitert das Gemüt dadurch, dass sie die Einbildungskraft in Freiheit setzt und innerhalb den Schranken eines gegebenen Begriffs, unter der unbegrenzten Mannigfaltigkeit möglicher damit zusammenstimmender Formen, diejenige darbietet, welche die Darstellung desselben mit einer Gedankenfülle verknüpft, der kein Sprachausdruck völlig adäquat ist, und sich also ästhetisch zu Ideen erhebt."(KU A212f) Es ist leicht vorstellbar, dass ästhetische Ideen das Potenzial haben, den menschlichen Geist so anzutreiben, dass sein Vermögen an die Grenzen geführt werden.
- Die ästhetische Idee verdeutlicht mit ihren Assoziationen und ihrer Mannigfaltigkeit etwas, was über die Erfahrungsgrenze hinausgeht. Das Brot als ästhetische Idee offenbart zum Beispiel, was mit Reich Gottes gemeint ist.
- Eine ästhetische Idee weckt auch Empfindungen und Gefühle. "So sagt z.B. ein gewisser Dichter in der Beschreibung eines schönen Morgens: »Die Sonne quoll hervor, wie Ruh aus Tugend quillt«. Das Bewußtsein der Tugend, wenn man sich auch nur in Gedanken in die Stelle eines Tugendhaften versetzt, verbreitet im Gemüte eine Menge erhabener und beruhigender Gefühle, und eine grenzenlose Aussicht in eine frohe Zukunft, die kein Ausdruck, welcher einem bestimmten Begriffe angemessen ist, völlig erreicht." (KU A194) Das Symbol Brot kann Freude

am geteilten Brot wecken, Dankbarkeit gegenüber Jesus und ein Gemisch aus Hoffnung und Angst gegenüber der Zukunft usw.

- Wie beim Erhabenen greift auch bei der ästhetischen Idee die Vernunft in die Aktivitäten der Einbildungskraft ein. "Das letztere Talent ist eigentlich dasjenige, was man Geist nennt; denn das Unnennbare in dem Gemütszustande bei einer gewissen Vorstellung auszudrücken und allgemein mitteilbar zu machen, der Ausdruck mag nun in Sprache, oder Malerei, oder Plastik bestehen: das erfordert ein Vermögen [die Vernunft muss dies sein; Anm. Verfasser], das schnell vorübergehende Spiel der Einbildungskraft aufzufassen, und in einen Begriff (der eben darum original ist und zugleich eine neue Regel eröffnet, die aus keinen vorhergehenden Prinzipien oder Beispielen hat gefolgert werden können) zu vereinigen, der sich ohne Zwang der Regeln mitteilen läßt." (KU A 196)

Die ästhetischen Ideen können aufgrund des Zusammenspiels der Einbildungskraft und der Vernunft die undarstellbaren Vernunftbegriffe darstellen. Aber nur ein Talent, ein Genie kann Einbildungskraft und Vernunft im freien Spiel schöpferisch werden lassen, so dass eine ausdrucksstarke ästhetische Idee entsteht.

- So können wir die Beschreibung eines Genies um einen weiteren Punkt bereichern. Das Genie vermag ästhetische Ideen darzustellen. Die wunderbare Brotmeditation von Sobrino mit seinen reichhaltigen Assoziationen, Fragen, Gefühlen und Sichtweisen ist ein Zeugnis für Sobrinos theologische Genialität.

4. Das doppelte Geschäft der Urteilskraft

Die ästhetische Idee arbeitet symbolisch. Das zeigt deutlich eine spätere Stelle in der Kritik der Urteilskraft, im Abschnitt "Dialektik der ästhetischen Urteilskraft". "Alle Anschauungen, die man Begriffen a priori unterlegt, sind also entweder Schemata oder Symbole, wovon die erstern direkte, die zweiten indirekte Darstellungen des Begriffs enthalten. Die erstern tun dieses demonstrativ, die zweiten vermittelst einer Analogie (zu welcher man sich auch empirischer Anschauungen bedient), in welcher die Urteilskraft ein doppeltes Geschäft verrichtet, erstlich den Begriff auf den Gegenstand einer sinnlichen Anschauung, und dann zweitens die bloße Regel der Reflexion über jene Anschauung auf einen ganz andern Gegenstand, von dem der erstere nur das Symbol ist, anzuwenden. So wird ein monarchischer Staat durch einen beseelten Körper, wenn er nach inneren Volksgesetzen, durch eine bloße Maschine aber (wie etwa eine Handmühle), wenn er durch einen einzelnen absoluten Willen beherrscht wird, in beiden Fällen aber nur symbolisch vorgestellt. Denn, zwischen einem despotischen Staate und einer Handmühle ist zwar keine Ähnlichkeit, wohl aber zwischen der Regel, über beide und ihre Kausalität zu reflektieren." (KU A 252f)

Erläutern wir es am Beispiel Brot. Das Brot als Symbol ist eine indirekte Darstellung des Reiches Gottes und des erfüllten Lebens. Die Urteilskraft muss ein doppeltes Geschäft verrichten.

Schauen wir uns die zwei Schritte der Urteilskraft genauer an; wir werden die am Anfang aufgestellten Kriterien entdecken: Entfaltung und Übersetzung.

1. Zuerst muss sie den Begriff auf den Gegenstand einer sinnlichen Anschauung beziehen; der Begriff "Brot" wird auf den Gegenstand Brot bezogen. Das klingt trivial. Wenn wir aber den Gegenstand nicht abgesondert, "an sich", sondern in seinen Beziehungen, Funktionen und Bedeutungen offen legen wollen, dann wird daraus eine interessante Gedankenbewegung. Wir müssen das Wort "Begriff" in einer weiten Bedeutung verstehen, so wie es Deleuze in seinem Buch "Was ist Philosophie?" ausführt: "Der Begriff eines Vogels liegt nicht in seiner Gattung oder seiner Art, sondern in der Zusammensetzung seiner Haltungen, seiner Farben und seines Gesangs [...]".[62] Worin liegt genau der Unterschied zwischen diesen beiden Möglichkeiten, einen Begriff zu bilden? In "Die Falte" beschreibt Deleuze den Unterschied so: "Wenn wir den Gegenstand isolieren, reinigen und konzentrieren, zerschneiden wir alle seine Verbindungen mit dem Universum, eben dadurch erschöpfen wir ihn, bringen wir ihn in Kontakt nicht nur mit seinem einfachen Begriff, sondern mit einer diesen Begriff ästhetisch oder moralisch entwickelnden Idee. Wenn dagegen der Gegenstand selbst gemäß einem ganzen Netzwerk natürlicher Relationen erweitert wird, steigt er aus seinem Rahmen heraus und tritt in einen Zyklus oder eine Reihe ein"[63] Die Haltungen eines Vogels stellen sich in ein Umfeld, in eine Reihe von Kontakten mit anderen Gegenständen usw. Genau das gleiche hat Sobrino mit dem Begriff Brot durchgeführt.

2. Im zweiten Schritt wird das Entfaltete auf einen ganz anderen Gegenstand durch die Urteilskraft bezogen. Assoziationen und Analogien sind die Verbindungslinie zwischen beiden Polen. Wir müssen aber zwei Fälle unterscheiden. Vieles von dem, was Sobrino über das Brot aufgezeigt hat, ist realer Ausdruck des Reiches Gottes. Ein freudiges Fest, wenn Menschen Brot untereinander teilen usw. - in all dem geschieht und verwirklicht sich das Reich Gottes. Ereignisse wie Brotteilen und ein freudiges Fest sind Sakramente des Reiches Gottes. Nehmen wir dagegen das Beispiel von Kant: der beseelte Körper oder eine Maschine kann Symbol für den monarchischen Staat sein. Aber der beseelte Körper oder eine Maschine ist nicht realer Ausdruck für den monarchischer Staat. Ebenso ist ein Weinstock nicht realer Ausdruck für Jesus Christus, sondern ein Symbol für ihn, weil das Verhältnis zwischen Weinstock und Rebzweige analog dem Verhältnis zwischen Jesus Christus und den Gläubigen ist.

5. Zu Symbolen im Gottesdienst

Wenn es ein Kennzeichen des Genies ist, ästhetische Ideen darzustellen, ist es nur allzu verständlich, dass eine gute Einsetzung von Symbolen im Gottesdienst eine schwierige Aufgabe ist, die nicht selten misslingt. Wenn bei Weißen Sonntagen Symbole als Oberthema und roter

---

62 Deleuze, G. / Guattari, F.: Was ist Philosophie?, Frankfurt/M. 1996, S.27.

63 Deleuze, G.: Die Falte. Leibniz und der Barock, Frankfurt/M. 1995, S.205.

Faden benutzt werden, mag das "schön" erscheinen. Aber Kant hat schon süffisant geschrieben: "Man sagt von gewissen Produkten, von welchen man erwartet, dass sie sich, zum Teil wenigstens, als schöne Kunst zeigen sollten: sie sind ohne Geist; ob man gleich an ihnen, was den Geschmack betrifft, nichts zu tadeln findet. Ein Gedicht kann recht nett und elegant sein, aber es ist ohne Geist." (KU A 189) Wahrlich nicht wenigen Erstkommunionfeiern (und anderen Gottesdiensten) mit Symbolen fehlt es an Geist. Es wird zwar das Symbol in Gebeten, Fürbitten, Spielszenen und Predigt aufgegriffen. Aber entweder wird das Symbol zu wenig auf der Bildebene entfaltet, oder das Symbol wird nicht adäquat oder zu wenig in die Lebenswelt bzw. in die theologische Fragestellung hinein übersetzt. (Oder sogar beides fehlt.) Oder es wird ein Symbol ausgewählt, das nicht das Potenzial hat, unsere Lebenswelt, unsere Fragen oder theologische Grundwahrheiten zu erhellen. Dann werden krampfhaft Assoziationen hergestellt, die in keiner Weise stimmig oder schön sind.

Wenn aber Symbole entfaltet und übersetzt werden, können sie einen Reichtum, eine Schönheit und eine Erhabenheit für den Gottesdienst darstellen. Symbole können zum Denken anregen, können eine Vielfalt von Teilvorstellungen hervorbringen, sie können Fragen aufwerfen und Gefühle und Empfindungen wachrufen. Sie können ebenso neue Seh- und Hörweisen anregen und neue Handlungsoptionen eröffnen. (vgl. Ausführungen über die Predigt)

7. Aisthesis - Wahrnehmung in Zeit und Raum mit allen Sinnen

Der Anfangspunkt, der Ausgangspunkt bzw. die Grundlage für die Erfahrung eines schönen Gottesdienstes, für eine erhabene Erfahrung, für eine Wandlung, die durch Gottesdienst und Predigt angeregt wurde, ist die Wahrnehmung mit unseren fünf Sinnen. Ästhetik heißt in seiner griechischen Grundbedeutung auch nichts anderes: Aisthesis - Sinneswahrnehmung. Dieser Grundlage sollen folgende Überlegungen gewidmet sein.

1. Wahrnehmung in Zeit und Raum

Wenn wir im Werk von Kant Aussagen über Ästhetik in ihrer ursprünglichen Bedeutung suchen, so müssen wir die "Kritik der reinen Vernunft" aufschlagen. Das erste Standbein der Erkenntnis, die Sinneswahrnehmung, untersucht Kant in der transzendentalen Ästhetik. Genauer formuliert: Er untersucht die Bedingung der Möglichkeit von Wahrnehmung. Dafür muss er von der Erkenntnis all das absondern, was vom Verstand und seinen Begriffen kommt. Ebenso müssen alle Empfindungen ausgeklammert werden. Zurück bleibt die bloße Form der Erscheinung, die uns durch die fünf Sinne gegeben ist. Die entscheidende Aussage der transzendentalen Ästhetik von Kant ist, dass uns diese sinnliche Erscheinung in den zwei Formen von Raum und Zeit präsentiert wird. Raum und Zeit sind a priori, also grundsätzlich und immer die zwei Formen der sinnlichen Anschauung. Damit sind Raum und Zeit keine Begriffe des Denkens. Ebenso sind Raum und Zeit für Kant keine absolute Realitäten sondern subjektive Formen, in denen wir wahrnehmen. Nur wenn ein Subjekt von einem Gegenstand affiziert wird, wird von diesem Subjekt die Zeit und der Raum erfahren. Zuletzt sei noch erwähnt, dass Kant die Zeit als inneren Sinn bezeichnet und den Raum als äußeren Sinn. "Die Zeit ist die formale Bedingung a priori aller Erscheinungen überhaupt. Der Raum, als die reine Form aller äußeren Anschauung ist als Bedingung a priori bloß auf äußere Erscheinungen eingeschränkt. Dagegen, weil alle Vorstellungen, sie mögen nun äußere Dinge zum Gegenstande haben, oder nicht, doch an sich selbst, als Bestimmungen des Gemüts, zum innern Zustande gehören; dieser innere Zustand aber unter der formalen Bedingung der innern Anschauung, mithin der Zeit gehöret: so ist die Zeit eine Bedingung a priori von aller Erscheinung überhaupt, und zwar die unmittelbare Bedingung der inneren (unserer Seelen) und eben dadurch mittelbar auch der äußern Erscheinungen." (Kant: Kritik der reinen Vernunft, B 50f)

Welchen Ertrag aus diesen philosophischen Gedanken können wir für die Liturgie gewinnen? Ein erstes: Liturgie wird erfahren und erlebt. Die Erfahrung und das Erlebnis von Liturgie geschieht in Raum und Zeit. Kommen wir mit Kants Philosophie nun weiter? Nein, weil sich Raum und

Zeit bei Kant durch seine transzendentale Analyse als konturlos und "nackt" präsentieren. Sie sind leere Formen, die außerdem Nichts mit den Objekten gemein haben. Deckt sich das mit unserem Erleben?

Bergson z.B. kritisiert Kant. Beginnen wir mit der Zeit: Wir erleben zwar alles in der Zeit; darin stimmt Bergson mit Kant überein. Aber die Zeit bzw. das Erlebnis von Zeit ist viel komplexer als eine leere Form. Zeit erfahre ich als Dauer, in der Rhythmus und Veränderung, Prozess und Wandel stattfindet:

"Ich konstatiere zunächst, dass ich von Zustand zu Zustand übergehe. [...] Ich verändere mich also unablässig. Und noch das sagt zu wenig. Die Veränderung ist sehr viel radikaler, als man zunächst glauben möchte. [...] Dennoch würde schon eine leise Anspannung der Aufmerksamkeit mir sichtbar machen, dass keine Empfindung, keine Vorstellung, keine Wollung existiert, die sich nicht in jeder Sekunde wandelt; hörte ein seelische Zustand auf sich zu verändern, seine Dauer würde aufhören zu fließen. [...] Tausend Zwischenfälle brechen herein, die, was ihnen voran geht, abzuschneiden scheinen, und sich dem nicht verknüpfen, was ihnen folgt. Aber diese Diskontinuität ihres Auftauchens hebt sich von der Kontinuität eines Grundes ab, dem sie eingezeichnet sind, und dem sie die Intervalle selbst, die sie trennen, verdanken: sie sind die Paukenschläge, die je und je in der Sinfonie aufdröhnen. An sie, als den stärksten Eindruck, heftet sich unsere Aufmerksamkeit; getragen aber wird jeder von ihnen durch die flüssige Masse unseres gesamten psychologischen Daseins.[...] Setzte unser Dasein sich aus getrennten Zuständen zusammen, deren Synthese ein unwandelbares "Ich" zu stiften hätte, es gebe für uns keine Dauer. Denn ein Ich, das sich nicht wandelt, dauert nicht, und ebensowenig dauert ein psychologischer Zustand, der sich, solange kein nächster Zustand ihn ablöst, gleichbleibt. [...] Für das psychologische Leben dagegen, wie es unmittelbar unterhalb dieser überdeckenden Symbole abrollt, leuchtet unmittelbar ein, dass die Zeit sein Stoff selber ist. [...] da finden wir, dass Dasein für ein bewusstes Wesen darin besteht, sich zu wandeln; sich zu wandeln, um zu reifen; zu reifen, um sich selbst unendlich zu erschaffen. Sollte sich nun nicht ein Gleiches vom ganzen Dasein schlechthin behaupten lassen?"[64]

Bergson hat also die Reihenfolge umgedreht: Nicht ist die Zeit durch das Subjekt begründet als ihre innere Form, sondern das Subjekt, seine ganze Existenz ist begründet darin, dass es sich ständig in der Zeit wandelt und dauert. (Dies ist ein Aspekt, wie Bergson den Idealismus von Kant überwindet. Eine ähnliche Veränderung im Bezug auf den Raum hat Bergson am Anfang von seinem Werk "Materie und Gedächtnis" durchgeführt.)

Aus dieser Kritik eines Philosophen an einen anderen können wir Ertrag für die Liturgie gewinnen: Zeit ist Dauer, Rhythmus und Veränderung. Wir erleben in ihr Höhepunkte, Akzente, Bögen und Brüche. Die Aussagen von Abschnitt 4.6. (Ruhe und Spannung, Schönheit und Erhabenheit beim liturgischen Genie) bekommen hier ihre Grundlegung. Denn die

64 Bergson, H.: Schöpferische Entwicklung, Ausgabe: Nobelpreis für Literatur, S. 49f.

Grundspannung des menschlichen Lebens ist durch die Zeit selbst begründet. (Dies hat auch Kant erkannt: das aktive Ich bezieht sich auf das passive Ich der Form der Zeit. Die Zeit führt einen Riss ins Ich ein; einen Riss, den Descartes in seiner Philosophie noch nicht kannte.)

Ein weiteres: Liturgie ist im hohen Maße gestaltete Zeit! Deswegen ist es so wertvoll und wichtig, ganz bewusst diese Gestaltung von Zeit zu vollziehen. Schon die Frage, wann ein Gottesdienst beginnen soll, zeigt auf, dass der Gottesdienst nicht in einer konturlosen Zeit stattfindet, sondern "Raum" haben muss im Rhythmus der Menschen, die ihn besuchen sollen. Der Gottesdienst selbst gestaltet Zeit, indem er Höhepunkte und Akzente, Bögen und Abschnitte erschafft. Die Ausgewogenheit in der Gestaltung von Zeit ist wesentliche Bedingung dafür, dass ein Gottesdienst als schön erlebt wird.

Wir wollen ebenso den Raum nicht wie Kant als eine rein subjektive Form verstehen. Dieser Idealismus stimmt nicht mit dem natürlichen Erleben überein und führt uns in der Liturgie nicht weiter. Greifen wir die Überlegung von Gernot Böhme auf: Kant ist nicht fähig, die Relation zwischen Subjekt und Objekt zu denken. Aber das Schöne ist eben vielmehr etwas Atmosphärisches, was sich zwischen Subjekt und Objekt ereignet, als etwas rein Subjektives. Aber genau dieses "Zwischen" entfaltet sich im Raum (und auch in der Zeit). Bei dem Philosophen Whitehead wird der Raum konstituiert durch die Relationen, die zwischen den wirklichen Einzelwesen bestehen. Aber das konnte Kant nicht denken! Kant hat Recht, wenn er bestreitet, dass der Raum von den Dingen an sich, den Objekten anhaftet. Aber deswegen ist der Raum nicht nur eine subjektive Form. Wir nehmen zwar räumlich wahr. Aber das geschieht, weil der Raum sich durch die Relationen zwischen den wirklichen Einzelwesen konstituiert. (Durch dieses Verständnis von Raum konnte Whitehead eine Philosophie anbieten, in der auch die Relativitätstheorie von Einstein eingeordnet werden konnte.) Deswegen gilt ebenso: Liturgie ist im hohen Maße gestalteter Raum! Und Liturgie findet auch immer in einem schon gestalteten Raum statt! Denn Kirchen und Kapellen weisen ja schon eine Raumstruktur auf. Liturgie muss also in einem gestalteten Raum Raum gestalten. Aber Gestalt bekommt der Raum durch die Abstände und die Beziehungslinien zwischen den Objekten. Die Atmosphäre eines Raumes wird wesentlich konstituiert durch die Nähe-Distanz-Verhältnisse der Gegenstände. Eine Kirche mit einem Volksaltar ist eben etwas anderes als eine Kirche, die nur einen Hochaltar hat. Die Kommunionbank trennt den Bereich des Volkes vom Bereich des Altares.

2. Wahrnehmung mit allen Sinnen als spirituelle Übung

Sind wir im letzten Abschnitt durch die Philosophie auf den Aspekt Raum und Zeit in der Wahrnehmung gestoßen, so können wir in diesem Abschnitt - angeregt durch die christliche Spiritualität des Ignatius - den Aspekt der fünf Sinne in der Wahrnehmung aufgreifen.

In der Kinder und Jugendarbeit werden heute regelmäßig Sinnesparcours eingesetzt. Die Kinder und Jugendlichen erfahren es als spannend und schön, ihre fünf Sinne auszuprobieren, zu testen und zu proben. Denn im normalen Alltagsleben erdulden Geruchssinn, Tastsinn und Geschmackssinn ein Schattendasein. Die Schule bevorzugt den Gehörsinn; das Sehen wird hauptsächlich benutzt, um Texte von der Tafel abzuschreiben. Wenn alle Sinne eingesetzt werden, können nicht nur Kinder und Jugendliche sich und ihren Körper und seine Fähigkeiten neu erleben.

"Und das Wort ist Fleisch geworden." Die Übung, mit allen Sinnen wahrzunehmen, führt nicht nur dazu, den Körper ganzheitlicher zu erfahren. Sie kann auch zu einer spirituellen Übung werden, um die Inkarnation des Wortes Gottes an sich selber zu vollziehen. Kein geringerer als der Heilige Ignatius von Loyola hat in seinen Exerzitien diese Übung vorgeschlagen. In der zweiten Wochen, wenn der Exerzitant die Ankündigung und die Geburt Jesu betrachten soll, führt Ignatius als letzte Betrachtung am Tag die Anwendung der fünf Sinne ein. Sie wiederholt die Themen der Betrachtungen des Tages in einer neuen Art und Weise, indem die Einbildungskraft durch alle fünf Sinne hindurch die biblischen Szenen sich vorstellt: die Personen und ihrer Umwelt werden geschaut; was die Personen reden, wird gehört; der "unendlich milde Duft und die unendliche Süßigkeit der Gottheit, der Seele und ihre Tugenden und des Ganzen, so wie es der Person entspricht,"[65] wird durch Geruchs- und Geschmackssinn verkostet; die Orte, welche die biblischen Personen betreten, werden berührt. Und jedes Mal soll der Exerzitant sich fragen, was für einen geistigen Nutzen er aus dieser Übung ziehen kann.

Die Anwendung der fünf Sinne als geistliche Übung zeigt, dass Ignatius keine abgehobene Spiritualität pflegte. Denn wenn Gott Mensch geworden ist in Jesus Christus, dann ist gerade diese Übung eine Möglichkeit, die Bewegung der Inkarnation für sich selber nachzuvollziehen.

3. Liturgie - ein Spiel mit allen Sinnen

Die katholische Liturgie hat im Gegensatz zur protestantischen immer mehr oder weniger alle Sinne angesprochen. Das Wort Gottes, dessen Auslegung und die Gebete werden gehört. Schmuck und Bilder in den Kirchen, schöne liturgische Gewänder usw. "befriedigen" das Auge. Der Weihrauch bietet etwas dem Geruchssinn. In der Karfreitagsliturgie berühren viele Leute das Kreuz. Und die eucharistischen Gaben werden geschmeckt. Die Liturgien der Sakramente Taufe, Firmung, Krankensalbung, Priesterweihe sprechen mehrere Sinne an.

Aber ein Schatz, der durch eine Tradition bewahrt wird, muss als solcher erkannt und immer neu "gehoben werden". Wir müssen uns also auch heute fragen, wie wir in unseren Gottesdiensten für unsere heutige Zeit alle Sinne ins Spiel bringen können. Ebenso sollten wir uns selbst und den Gottesdienstteilnehmer dabei bewusst machen, welche theologische Bedeutung die Anwendung aller Sinne haben kann.

Die Liturgie hat die Möglichkeit, spielerisch die Wahrnehmungsfähigkeit von uns Menschen zu erweitern. Erinnern wir uns nochmals an den Gedankengang von Bergson: normalerweise wird

---

65 Ignatius von Loyola: Geistliche Übungen, Übertragung A. Haas, Freiburg 1966, Nr 124, S. 51.

uns nur der kleine Teil unserer Wahrnehmungen bewusst, den wir für zukünftige Handlungen beachten könnten oder sollten. Aber weil die Liturgie ihren Zweck in sich selbst hat, kann sich der Mensch leisten, "unnütze" Wahrnehmungen in der Liturgie aufzunehmen. Besonders die Wahrnehmungen des Geruchssinns, des Geschmackssinns und des Tastsinns gehören dazu. Die Erweiterung der Wahrnehmungsfähigkeit ist ein höchst spirituelles Anliegen. Denn nur dadurch, dass ich meine Wahrnehmungsfähigkeit erweitere, wird es mir in größerem Maße möglich, sowohl meinen Mitmenschen mit seinen Freuden und Sorgen bewusster wahrzunehmen als auch Gott selbst und sein Wirken in meinem Leben zu entdecken.
Es ist eine große Aufgabe und Herausforderung, in guter Weise heute die Anwendung aller fünf Sinne in die Liturgie einzubauen und den Menschen die Möglichkeit zu geben, ihre Wahrnehmungsfähigkeit in der Liturgie zu erweitern.

4. Musik im Gottesdienst

Wir wollen aus zweierlei Gründen Musik im Gottesdienst gesondert thematisieren: Erstens spricht sie in besonderem Maße den Wahrnehmungssinn Hören an. Zweitens trägt Musik viel zur Schönheit eines Gottesdienstes bei.
"Über Geschmack lässt sich streiten." Über den Musikgeschmack wohl am heftigsten. Die Ansichten, was schöne Musik sei, gehen weit auseinander. Unsere Gesellschaft enthält zu viel verschiedene Lebenswelten, als dass Kants These, ein Geschmacksurteil hat den Anspruch, allgemein gültig zu sein, noch aufrecht erhalten werden kann. Deswegen ist es nicht verwunderlich, dass manche Gottesdienstbesucher klassische Orgelbegleitung schön und Psalmengesänge erhaben finden und andere sich bei dieser Musik langweilen und ärgern und dagegen neues geistliches Liedgut bevorzugen. Viele Jugendliche empfinden "Herr deine Liebe ist wie Gras und Ufer" als schnulzig und tauen erst bei fetziger Rockmusik auf. Wieder andere geben sich am liebsten der ruhigen Musik von Taize hin. Gerade der auseinandergehende Musikgeschmack zwingt uns dazu, dass Gottesdienstangebot zu differenzieren.
Da der Gottesdienst die Lebenswelt der Gottesdienstbesucher aufgreifen soll, ist Abwechslung der Musikrichtung sinnvoll und nötig. Aber auch hier stellt sich die Frage, wie die Musik sein soll, um dem Ziel "schöner Gottesdienst", wie wir es beschrieben haben, gerecht zu werden. Die musikalische Kunst hat die Fähigkeit, besonders das Empfinden ansprechen zu können. Frieder Lauxmann hatte in seinem Buch "Der philosophische Himmel" seine Erfahrungen bei den Proben eines Laienchores, bei dem er mitsang, zur Johannespassion von Johann Sebastian Bach berichtet. "Als wir das sangen, spürte ich, wie mich plötzlich eine ganz andere Welt umfasste. Und dann in den folgenden Wochen, als wir uns Bachs Werk immer mehr näherten, erlebte ich, wie da eine geistige Ebene um uns herum entstand, auf der Fragen nach Herkunft und historische Realität der gesungenen Texte immer mehr verschwanden. Das Passionsgeschehen verließ seinen historischen Rahmen und wurde plötzlich aktuelle Wirklichkeit. Wir waren auf eine

unbeschreibliche Weise selbst beteiligt."[66] Musik kann in eine "ganz andere Welt" entführen. Sie kann echte Freude vermitteln aber auch Empfindungen wie Trauer und Schmerz verarbeiten. Sie kann Ruhe und Stille hervorbringen. Musik kann die Fähigkeit haben, die Wandlungen, die wir im Abschnitt über die Predigt angesprochen haben, anzuregen oder zu unterstützen. Diese Ziele und Möglichkeiten der Musik, die im konkreten Gottesdienst sicherlich selten völlig erreicht und ausgeschöpft werden können, sollten für unsere Musikgestaltung Leitlinie sein.

66 Lauxmann, F.: Der philosophische Himmel, München 1999, S. 20.

Einige Schlussgedanken

Dieses Büchlein will eine Hilfe und eine Ermutigung sein, Gottesdienste reflektiert vorzubereiten. Es gibt genügend Bücher, in denen eine Unmenge von Gottesdienstmodellen vorgestellt werden. Spreu und Weizen liegen in diesen Büchern oft ungetrennt beieinander. Nach welchen Kriterien soll man aussieben? Und wenn man selbst vom Evangelium ausgehend den Gottesdienst im Team vorbereiten möchte und Erzählung, Szenenspiel oder Fürbitten selbst erfinden will, an welche Leitlinien soll man sich halten? Ich hoffe, dass dieses Büchlein mit seiner Kombination aus Beispielen und philosophisch-theologischen Überlegungen gerade für diese Fragen eine Hilfe sein kann.

Erich Kästner stellte für ein Kinderbuch folgende Forderung auf: ein gutes Kinderbuch muss auch für Erwachsene interessant sein. Dieselbe Forderung möchte ich für Kinder- und Familiengottesdienste einklagen. Die Beispiele, mit denen wir unsere frohe Botschaft im jeweiligen Gottesdienst verdeutlichen wollen, sollen ruhig aus dem Kontext der Schule, des Kindergartens oder der Freizeit von Kindern sein. Aber der Gehalt der Botschaft darf nicht banal und dürftig sein, nur weil der Gottesdienst für Kinder gedacht ist. Wenn die Botschaft eines Kinder- oder Familiengottesdienstes dürftig ist, so langweilen sich meistens die Kinder, besonders die größeren, die Erwachsenen ärgern sich oder erdulden den Wortgottesdienst und freuen sich auf Hochgebet und Kommunionausteilung und die Hauptamtlichen und Verantwortlichen weisen öffentlich ein Armutszeugnis aus.

Ich bin fest davon überzeugt, dass die Priester, PastoralreferentInnen, GemeindereferentInnen, ReligionslehrerInnen, die mit Begeisterung intensiv Theologie studiert haben und auch nach dem Studium die Lektüre von theologischen (oder auch philosophischen) Büchern pflegen, insbesondere fähig sind, einen kindgerechten Familiengottesdienst zu gestalten, der für Erwachsene auch interessant ist. Gleichzeitig ist es gerade für Hauptamtliche wichtig, dass sie in einem Team, mit Müttern und Vätern zusammen Familiengottesdienste vorbereiten. Genauso wichtig ist aber ein guter Kontakt der Hauptamtlichen zu den Kinder und die Jugendlichen selbst. Deswegen sind einige Schulstunden in Grundschule und weiterführenden Schulen sowohl für den Pfarrer als auch für andere hauptamtliche Theologen der Pfarrei sehr wichtig.

Zum Abschluss ein Gedanke zu Wort "Gottesdienst". Das Wort kann auf zweierlei Weisen verstanden werden: 1. Unser Dienst an Gott. 2. Der Dienst Gottes an uns. (Grammatikalisch: Genetivus objektivus und subjektivus.) Beide Aspekte gehören wesentlich zum christlichen Gottesdienst. Wir dienen Gott in der Liturgie, nicht durch Werke oder Leistungen, sondern durch unser Dasein. Im Gottesdienst stellen wir uns, so wir sind, mit unserer ganzen Person vor Gott.

Mit unserer Aufmerksamkeit wollen wir in der Liturgie präsent sein und uns dadurch Gott hin geben und ihn loben. Ebenso verrichtet Gott durch Wort und Sakrament einen Dienst an uns. Er ist gegenwärtig und wird uns offensichtlich durch die Versammlung des Volkes Gottes, in der Heiligen Schrift, durch das gemeinsame Gebet und besonders durch das Sakrament der Eucharistie. Beide Aspekte gehören natürlich zusammen, stützen und erhellen sich gegenseitig. Dieser doppelte Sinn von Gottesdienst ist die grundsätzliche Leitlinie für unser liturgisches Denken und Handeln.

Printed by Books on Demand GmbH, Norderstedt / Germany